Schriften der Philosophisch-historischen Klasse
der Heidelberger Akademie der Wissenschaften

Band 4

MARTIN BOMMAS

Die Heidelberger Fragmente des magischen Papyrus Harris

vorgelegt am 10. Mai 1997
von Jan Assmann

UNIVERSITÄTSVERLAG C. WINTER
HEIDELBERG

Die Deutsche Bibliothek – CIP-Einheitsaufnahme

Bommas, Martin:
Die Heidelberger Fragmente des magischen Papyrus
Harris / Martin Bommas. – Heidelberg: Winter, 1998
(Schriften der Philosophisch-historischen
Klasse der Heidelberger Akademie der Wissen-
schaften; Bd. 4)
Einheitssacht. des beigef. Werkes: Grosser Papy-
rus Harris
ISBN 3-8253-0585-6

ISBN 3-8253-0585-6

Inhaltsverzeichnis

Vorwort

Unter den zahlreichen Texten der Alltags-Magie im Alten Ägypten nimmt der magische *pHarris* in gewisser Weise eine Sonderstellung ein. Nach der Geburtsstunde der modernen Ägyptologie durch die Entzifferung der Hieroglyphen im Jahre 1822 gilt der magische *pHarris* als der erste vollständig publizierte Text des magischen Diskurses des Alten Ägypten und stellt somit gewissermaßen die Initialzündung für die fachbezogene Auseinandersetzung mit den altägyptischen Vorstellungen über Magie dar.

Durch unglückliche Umstände ist dieser Papyrus in den sechziger Jahren des 19. Jahrhunderts teilweise zerstört worden. Während der besser erhaltene Teil vom Britischen Museum in London erworben werden konnte, gelangte das stark fragmentarische Ende der Papyrusrolle bereits im letzten Jahrhundert auf verschlungenen Pfaden nach Heidelberg, wo es sich noch heute im Besitz der VON PORTHEIM-Stiftung befindet. Diesen nach der Zerstörung des Papyrus bislang unpublizierten und verloren geglaubten Fragmenten den ihnen gebührenden Platz einzuräumen und mit dem Londoner Fragment des magischen *pHarris* zusammenzuführen, ist die Aufgabe dieser kleinen Studie.

Zahlreiche Hände haben geholfen, diesen Papyrus ans Tageslicht zu bringen. Dem Direktor des Völkerkundemuseums der VON PORTHEIM-Stifung, Herrn Dr. BÖHNING, danke ich nicht nur für die Publikationserlaubnis, sondern auch für seine stets zuvorkommende Bereitschaft, mich bei der Recherche über das Heidelberger Schicksal des vorliegenden Papyrus zu unterstützen. Frau Prof. Dr. FEUCHT hat die Verbindung zum Heidelberger Völkerkundemuseum hergestellt und mir das Studium des Originals in den Räumen der Sammlung des Heidelberger Ägyptologischen Institutes in großzügiger Weise gestattet, wofür ich ihr sehr zu Dank verpflichtet bin. Die vorzüglichen Photographien verdanke ich Frau Dr. BARTHELMESS. Insbesondere gebührt mein aufrichtiger Dank Herrn Prof. Dr. JAN ASSMANN, der die vorliegende Studie nicht nur durch zahlreiche Anregungen, sein Interesse und seine Diskussionsbereitschaft bereichert, sondern sich auch der Veröffentlichung des Manuskripts angenommen hat. Ihm und der Heidelberger Akademie danke ich sehr herzlich für die noble Form, in der diese Studie erscheinen darf. Herrn ERFLING vom Universitätsverlag C. Winter, Heidelberg danke ich für die sorgfältige Drucklegung und angenehme Zusammenarbeit.

§ 1 Einleitung

Seit dem Ankauf der Fragmente des *magischen pHarris* durch das Britische Museum im Jahre 1872[1] galt der Schluß dieses Textes, der die Kolumnen VII bis IX des *recto*[2] sowie die beiden Kolumnen des *verso* umfaßt, in weiten Kreisen der Ägyptologie als verschollen. 1993 konnte ich die verloren geglaubten Fragmente in der Sammlung des Ägyptologischen Instituts der Universität Heidelberg entdecken, wohin sie als Leihgabe des Völkerkundemuseums der v. PORTHEIM-Stiftung gelangt waren. Es handelt sich um 43 Fragmente, die im folgenden in Photographien, Transliteration, Transkription, Übersetzung und Kommentar vorgestellt werden[3]. Glücklicherweise konnte überall dort, wo der Originaltext zerstört ist, auf die Faksimiles zurückgegriffen werden, die F. J. CHABAS 1860 veröffentlichte und die den *mag. pHarris* in seinem ursprünglichen Zustand dokumentieren. Der in eckigen Klammern wiedergegebene Text stützt sich auf die Transkription nach der Vorlage durch CHABAS, die 1910 von BUDGE in seinem Werk *Facsimiles of Egyptian Papyri in the British Museum,* Taf. 26–30 zuletzt publiziert wurden.

Die mittlerweile etablierte Sprucheinteilung, wie sie LANGE in seiner Publikation des *magischen pHarris* vorgeschlagen hat, wurde beibehalten[4]. Dagegen werden die Kolumnen X und XI, da sie sich auf dem *verso* befinden, nunmehr als *vs.* I und II gezählt.

---

[1] Die Inventarnummer der Fragmente des Britischen Museums lautet *pBM 10042.*

[2] Das Textvolumen der Heidelberger Fragmente entspricht 5 Kolumnen gegenüber dem Umfang des Gesamttextes von insgesamt 12 Kolumnen.

[3] Zu einer ersten Beschreibung des Textes vgl. auch LÜDDECKENS (Hrsg.), Ägyptische Handschriften, in: HARTMUT-ORTWIN FEISTEL (Hrsg.), *Verzeichnis der orientalischen Handschriften in Deutschland,* Bd. XIX,4, Stuttgart 1994, 189, Nr. 283.

[4] Zu bemerken ist allerdings, daß LANGE bei dieser Einteilung den Buchstaben „W" nicht berücksichtigt hat; auf Spruch V folgt daher Spruch X.

§ 2 Herkunft der Heidelberger Fragmente des *magischen pHarris*

Der *magische pHarris* wurde im Februar 1855 dem britischen Kaufmann Anthony Charles Harris (1790–1869) zusammen mit anderen Papyri von Einheimischen zum Kauf angeboten[5]. Über den Fundort der Schriftstücke gibt es zwei differierende Angaben. So schreibt Budge, der *magische pHarris* sei zusammen mit dem *Großen Papyrus Harris* und dem *pHarris 500* „in a hidden box under the ruins of the Ramesseum at Thebes" gefunden worden[6]. Drei Jahre nach dem Ankauf der Papyri hat Harris selbst eine Beschreibung der Fundstelle vorgenommen, derzufolge die Papyri einem Grab bei Deir el-Medineh entstammen[7]. Darüberhinaus war es wohl Harris, der den Papyrus faksimilierte, um ihn an F. J. Chabas zur Untersuchung zu schicken, der Ägypten selbst nie besucht hat. Kurz darauf, im Jahre 1860, veröffentlichte Chabas die *editio princeps* mit dem Titel *Le Papyrus magique Harris*, Chalons-sur-Saone, 1860.

Drei Jahre nach seinem Tod wurde 1872 die Sammlung Harris' von dessen Tochter Selima Harris an das Britische Museum verkauft, wo der *mag. pHarris* seitdem unter der Bezeichnung *Papyrus Harris 501* bzw. *pBM 10042* geführt wird. Zum Zeitpunkt des Verkaufes war der Papyrus jedoch bereits unvollständig. Die Reste des ehemals neun Kolumnen umfassenden *recto* und drei Kolumnen umfassenden *verso* beschränkten sich auf nunmehr 6 Kolumnen der Vorderseite und 1½ Kolumnen der Rückseite. Der Verbleib des verlorenen Teils des *mag. pHarris* blieb fortan im Dunkeln[8]. Es ist müßig zu spekulieren, ob der verloren geglaubte Schlußabschnitt des Textes der von Eisenlohr beschriebenen Explosion von Schießbaumwolle in Alexandria zum Opfer fiel[9], die kurz vor dem Ver-

---

[5] Vgl. Eisenlohr, *Der große Papyrus Harris*, Leipzig 1872, 6f.

[6] Vgl. Dawson, in: *JEA* 35, 1949, 163. Möglicherweise geht diese Annahme jedoch auf eine Verwechslung mit den Fundumständen der sog. Ramesseumspapyri zurück.

[7] Zu dem in Übersetzung wiedergegebenen Wortlaut der Beschreibung Harris' vgl. Eisenlohr, *op. cit.*, 7 sowie Grandet, *Le Papyrus Harris I (BM9999)*, *BE* 109/1, 1994, 6–10.

[8] Möglicherweise ist dies die Ursache für die von Budge mit „Brit. Mus. Papyrus, No. 10,042" bezeichneten Unterschriften zu den Faksimiles Chabas', die den falschen Eindruck erwecken, die verlorenen Stücke hätten sich ehemals im Besitz des Britischen Museums befunden, vgl. Budge, *Facsimiles*, Taf. 26–30.

[9] Vgl. Eisenlohr, *op. cit.*, 5.

kauf der HARRISschen Sammlung stattfand und auch das Haus von HARRIS in Mitleidenschaft zog. Aus einer Beschreibung der HARRISschen Sammlung durch MASPERO geht der teilweise zerstörte Zustand der Papyri hervor: „On dit que le manuscrit était intact au moment de la découverte; il aurait été mutilé quelques années plus tard, par l'explosion d'une poudrière, qui renversa en partie la maison ou il était en dépot, à Alexandrie d'Égypte. On pense qu'une copie, dessinée par M Harris avant le désastre, a conservé les parties détruites dans l'original; mais personne ne connaît pour le moment l'endroit où se trouve cette copie"[10].

Der Abschnitt jedoch, der dem Londoner Fragment fehlt, konnte vor kurzem in der Heidelberger Sammlung der VON PORTHEIM-Stiftung entdeckt werden, wohin er gegen Ende des letzten Jahrhunderts gelangt sein muß. Der Käufer der hier zur Diskussion stehenden Fragmente, der Mineraloge Dr. VICTOR GOLDSCHMIDT, verheiratet mit seiner Cousine LEONTINE, geb. VON PORTHEIM, hat den Papyrus in den 90er Jahren des letzten Jahrhunderts für seine Bibliothek erworben. Wie GOLDSCHMIDT an die Adresse dieser Fragmente gelangte, ist heute jedoch nicht mehr zweifelsfrei zu erschließen, da über den Ankauf keine Unterlagen existieren. Es ist zwar sicher, daß er zusammen mit seiner Frau 1894 eine Weltreise unternahm, die ihn unter anderem auch nach Kairo führte. Wenig wahrscheinlich ist jedoch, daß er dort den Papyrus gekauft haben soll, denn er hielt sich in Kairo nur wenige Tage auf.

Nicht ganz auszuschließen ist jedoch eine andere Verbindung, nämlich die zu dem Ägyptologen und Gründer des Heidelberger Institutes AUGUST EISENLOHR. EISENLOHR unternahm 1869/70 im Auftrag des Großherzogs von Baden eine Ägyptenreise, in deren Verlauf er in Alexandria die Sammlung des damals im Sterben liegenden HARRIS kennenlernte. Vermutlich wurde er bereits von CHABAS, dessen Schüler er war, auf den *magischen pHarris* aufmerksam gemacht [11], denn er schrieb am 26. November 1869, nur wenige Tage vor dem Tode HARRIS', seinem Lehrer, HARRIS' Tochter habe ihn die Papyri sehen lassen[12]. Möglicherweise um seiner Verbundenheit mit dem Verstorbenen Ausdruck zu verleihen, bemühte sich EISENLOHR in Deutschland darum, für die HARRISsche Sammlung Käu-

---

[10] Vgl. MASPERO, in: *Études Égyptologiques* I, 1879, 1–2.
[11] Vgl. GRIESHAMMER, in: ASSMANN, BURKARD und DAVIES, *Problems and Priorities in Egyptian Archaeology*, London 1987, 13.
[12] Vgl. DAWSON, in: *ZÄS* 35, 1949, 163 Anm. 9.

fer zu finden, wobei er jedoch scheiterte. Dennoch ist der Ankauf des *großen Papyrus Harris* durch das Britische Museum seiner Vermittlung zu verdanken[13], zu dessen Verkauf EISENLOHR nach London eilte, in der Absicht, diesen Papyrus für die Heidelberger Universität zu erstehen[14].

Zum Zeitpunkt des Ankaufes im Frühjahr 1872 muß der Papyrus jedoch bereits getrennt gewesen sein, da andernfalls das Britische Mueum den gesamten Papyrus erworben hätte. Eine Übergabe an eine dritte Person muß also vor diesem Zeitpunkt stattgefunden haben. Es ist nicht ganz auszuschließen, daß EISENLOHR in der Zeit zwischen dem November 1869 und dem Frühjahr 1872 in den Besitz der hier zur Diskussion stehenden Fragmente des *mag. pHarris* kam. Sicher ist dagegen, daß EISENLOHR kurz nach dem Tode HARRIS', möglicherweise über SELMA HARRIS, Originalunterlagen aus dessen Nachlaß erhielt. So kopierte er bei dieser Gelegenheit die von HARRIS angefertigte Abschrift eines in lateinischer Schrift verfaßten Weihesteins aus Deir el-Gebrâwi, die sich damals ebenfalls in der Sammlung HARRIS' befand. Später übergab EISENLOHR seine Kopie des Steines an KARL ZANGEMEISTER, der sie seinerseits zur Veröffentlichung in *Corpus Inscriptionum Latinarum* III an THEODOR MOMMSEN weiterreichte[15]. Es kann daher nicht völlig ausgeschlossen werden, daß sich unter den genannten Unterlagen aus dem Nachlaß HARRIS' auch die Heidelberger Fragmente des *mag. pHarris* befanden. Über EISENLOHRS Person wäre, insofern unsere Vermutung richtig ist, dieser lange Zeit verschollen geglaubte Text in den 90er Jahren des vergangenen Jahrhunderts in den Besitz von VICTOR GOLDSCHMIDT übergegangen.

§ 3 Frühere Veröffentlichungen

Seit der Erstpublikation des *magischen pHarris* durch F. J. CHABAS mit dem Titel *Le Papyrus magique Harris,* Chalons-sur-Saone 1860 hat der Papyrus zahlreiche weitere Veröffentlichungen erlebt. So stellte bereits 1873 CHABAS eine Neubearbeitung dieses Textes in *Mélanges égyptologiques.*

---

[13] Vgl. EISENLOHR, in: *ZÄS* 11, 1873, 50.
[14] Vgl. DAWSON, in: *ZÄS* 35, 1949, 164 Anm. 3.
[15] Diesen Hinweis verdanke ich Herrn Dr. HORN, Göttingen. Vgl. dazu HORN, *Untersuchungen zur Frömmigkeit und Literatur des christlichen Ägypten: Das Martyrium des Viktor, Sohnes des Romanos,* Göttingen 1988, XXXf.

3. Série, T. II, Chalons-sur-Saone 1873, 242–278 vor. 1910 erschien von
E. W. Budge eine Veröffentlichung des Papyrus in Lichtpausen, Transliteration und Übersetzung, die jedoch dem Verständnis des Textes nicht
weiter dienlich war. Die verlorenen Seiten wurden zwar mit der Inventarnummer *pBM 10,042* versehen, jedoch in den von Chabas 1860 veröf-
fentlichten Faksimiles wiedergegeben. 1916 veröffentlichte E. Akmar in
seinem Buch *Le Papyrus magique Harris transcrit et publié,* Upsala 1916 die
Transliteration des Textes sowie eine Übersetzung. Erst die umfangreiche,
1927 erschienene Publikation dieses Textes durch H. O. Lange mit dem
Titel *Der magische Papyrus Harris,* Kopenhagen 1927 hat diesen schwieri-
gen Text in einer für damalige Verhältnisse vorbildlichen Weise erschlossen und gilt zu recht als Grundlage für jede Auseinandersetzung mit diesem Papyrus. Auf Einzelbearbeitungen verschiedener Sprüche des *magischen pHarris,* soweit sie die Heidelberger Fragmente betreffen, wird im
Kommentarteil an geeigneter Stelle verwiesen[16].

§ 4 Beschreibung und Zustand des Textes

Der Heidelberger *magische pHarris* umfaßt 43 Fragmente, deren klein-
stes 0,8 x 1 cm und deren größtes Fragment 21,5 x 13 cm mißt. Der Text
weist starke Beschädigungen durch Löcher und Brüche des dünnen und
durchscheinenden Papyrusmaterials auf. Durch die von Chabas veröf-
fentlichten Faksimiles ist die relative Position der Einzelfragmente unter-
einander jedoch gesichert (Fig. 1 und 2)[17].

Der Anfang von Kolumne VII (*recto*) ist teilweise noch auf den Londoner Fragmenten erhalten[18], entsprechend ist das Ende von Kolumne II
des *verso* wiederum auf dem *pBM 10042* erhalten. Daraus wird deutlich,
daß der Schreiber des *verso* nach vollständigem Aufrollen des *recto* wenig-
stens 26 cm Freifläche gelassen hat, um dann wieder in Richtung auf den

---

[16] Die Londoner Fragmente des *magischen pHarris* werden derzeit durch C. Leitz
      zur Neupublikation vorbereitet.
[17] Im Zuge der Bearbeitung des Textes wurden die Fragmente aus den alten Glas-
      rahmen entnommen, von der Kartonunterlage entfernt und entsprechend ihrer
      ursprünglichen Position neu arrangiert.
[18] Vgl. Budge, *Facsimiles,* Taf. 25.

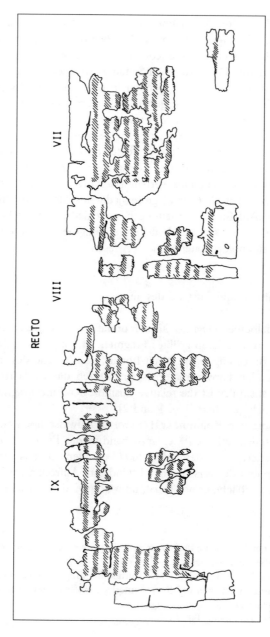

Abb. 1

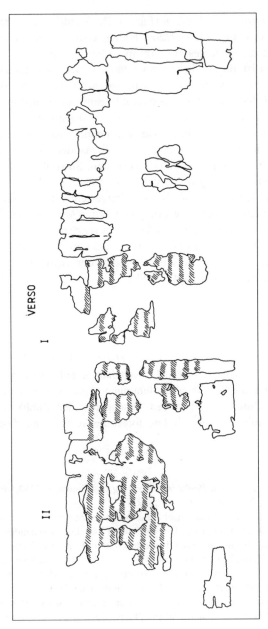

VERSO

I

II

Abb. 2

Anfang des *recto* zuzuschreiben (Fig. 3). Die Heidelberger Fragmente, die den Schluß des *magischen pHarris* bilden, ermöglichen es nunmehr, die Gesamtlänge dieses Textes auf 2,09 m zu berechnen.

Das *recto* ist durch die hervortretenden Horizontalfasern, das *verso* durch die Vertikalfasern ausgewiesen, was mit der Abfolge der Beschriftung, die auf der ersten Seite des *recto* beginnt, übereinstimmt. Das *recto* ist von hell- bis leicht dunkelbrauner Farbe, während das *verso*, das bis vor kurzem auf Karton aufgezogen war, von hellbrauner Farbe ist. Die Horizontalfasern des Papyrus liegen dichter beieinander als die Vertikalfasern, die darüber hinaus unregelmäßiger verlaufen. Sowohl die Ober- als auch die Unterkante des Papyrus ist stellenweise noch erhalten. Am Ende von Kolumne VII konnte eine Klebestelle festgestellt werden (Taf. I).

Die maximale Seitenhöhe des *magischen pHarris* beträgt 21–21,5 cm, ein Maß, das der in der Ramessidenzeit bevorzugten Papyrushöhe genau entspricht[19]. Da jedoch das Herstellungsmaß von Papyri in der Regel eine Höhe von 42 cm nicht überschritt, besteht der Textträger des *magischen pHarris* aus einer halben Papyrusrolle.

§ 5 Datierung

Bereits LANGE hat den *magischen pHarris* in die 19./20. Dyn. datiert[20]. Dieser Datierungsansatz läßt sich zweifelsohne aufrecht erhalten, aber er kann mit der Fülle von Veröffentlichungen einschlägiger Texte und paläographischer Untersuchungen seit Erscheinen der Publikation LANGES schärfer formuliert werden[21]. Die folgende Auswahl an Zeichenformen

---

[19] Vgl. ČERNY, *Paper and Books in Ancient Egypt*, Edinburgh 1952, 16.

[20] Vgl. LANGE, *Magischer Papyrus Harris*, 7.

[21] Eine Datierung des Textes nach grammatikalischen Gesichtspunkten, wie ihn ISRAELIT-GROLL erschlossen hat, ist für den Fall des vorliegenden Textes weniger geeignet, da die zu dieser Datierungsmethode notwendigen Verbalformen, die auf die Häufigkeit der Präposition *ḥr* in der *iw=f ḥr sḏm*-Vergangenheit sowie *ḥr* im Präsens I hin untersucht werden, im *mag. pHarris* naturgemäß nur beschränkt vorhanden sind. Zu dieser Datierungsmethode vgl. ISRAELIT-GROLL, *Diachronic Grammar as a Means of Dating Undated Texts*, in: ISRAELIT-GROLL (Hrsg.), *Egyptological Studies, Scripta Hierosolymitana* 28, Jerusalem 1982, 11–13.

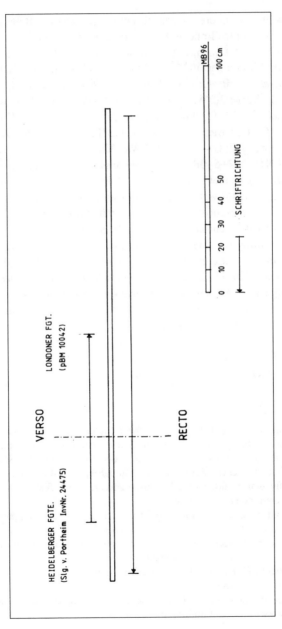

Abb. 3

eignet sich insbesondere wegen ihrer ausgewogenen Beleglage[22] oder durch ihre außergewöhnliche Form zur Spezifizierung einer Datierung (vgl. Fig. 4 und 5): GARDINER, *Signlist*[23] A1/MÖLLER, *Hieratische Paläographie*, Bd. 2, Leipzig 1927:33/ WIMMER, *Hieratische Paläographie der nicht-literarischen Ostraka der 19. und 20. Dynastie, ÄAT*28, Wiesbaden 1995[24], 4; G, A2/M:30/W, 10; G, A17/M:30/W, 13; G, A14/M:15/W, 16; G, D2/M:80/W, 26; G, D4/M:82/W, 28; G, D58+N35/M:VII-124+ 331/ W, 92; G, F27/M:166/W, 113; G, G5/M:184/W, 126; G, M12+G1/ M:277+192/W, 177; G, V31/M:511/W, 331 sowie die Schreibung für Amun/M:LXII–282+540B/W, 384. Wenngleich einzelne Zeichenformen altertümlich ausgestaltet sind, wie zum Beispiel die Hieroglyphe mit dem Lautwert *d*, G, D46/M:115/W, 73 so weist die Mehrzahl der Zeichenformen in die fortgeschrittene Regierungszeit Ramses' III. Besonders charakteristisch ist die Schreibung von *ḥms(j)* am Ende der Zeile VII.2[25].

Die Vermutung LANGES, die Handschrift des *verso* stamme möglicherweise von einem anderen Schreiber als das *recto*[26], rückt durch einen Schriftvergleich[27] in den Bereich des Wahrscheinlichen. Das *verso* ist deutlich flüchtiger geschrieben, was insbesondere durch die vermehrt auftretenden Ligaturen zum Ausdruck kommt und in dem leicht verzerrten Schriftbild der Kolumne *vs.* II gipfelt. Eine weitere Besonderheit des *verso* liegt in der Schreibung der Gruppe *ḥd* in den Zeilen *vs.* I.4 und *vs.* II.1. In beiden Fällen ist hinter der schwarz geschriebenen Schlange dasselbe Zeichen in roter Farbe nachgezeichnet.

---

[22] Gerade die Belegfülle in WIMMERs Arbeit, *Hieratische Paläographie* hat in ihrer synoptischen Darstellung gezeigt, wie hartnäckig häufig verwendete Schriftzeichen, wie die Kursive der *m*-Eule oder der *3*-Geier und das Schilfblatt ihre Uniformität über einen Zeitraum von 236 Jahren bewahren. Der Wert dieser Zeichen für eine Feindatierung hieratisch geschriebener Texte kann daher nicht kritisch genug betrachtet werden.

[23] Im Folgenden abgekürzt zitiert durch G, gefolgt von dem alphanumerischen Kürzel GARDINERS.

[24] Im Folgenden abgekürzt zitiert durch W, gefolgt von der zugehörigen Seitenangabe in Band II WIMMERs Publikation.

[25] Vgl. WIMMER, *Hieratische Paläographie* Bd. II, 13.

[26] Vgl. LANGE, *Magischer Papyrus Harris*, 7.

[27] Vgl. hierzu die Schrifttafeln Fig. 4 und 5, die zugunsten Übersichtlichkeit das *verso* vom *recto* getrennt aufführen.

mag. pHarris rt. VII-IX

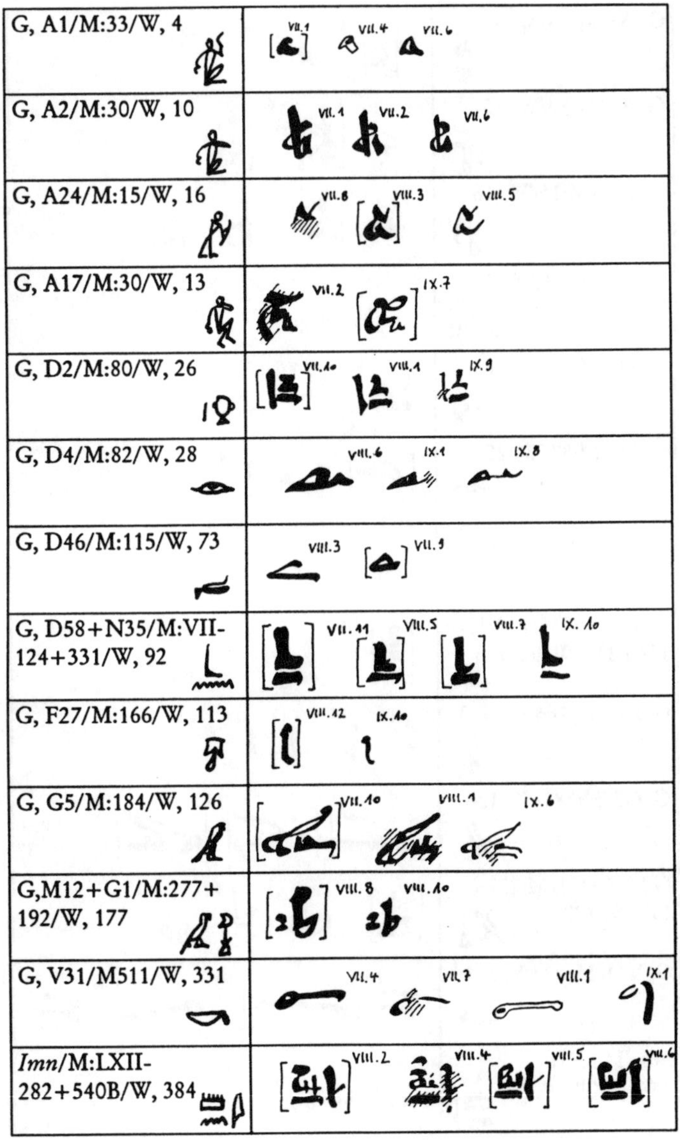

G, A1/M:33/W, 4	VII.1 [ ] VII.4 VII.6
G, A2/M:30/W, 10	VII.1 VII.2 VII.6
G, A24/M:15/W, 16	VII.8 VIII.3 VIII.5
G, A17/M:30/W, 13	VII.2 IX.7
G, D2/M:80/W, 26	VII.10 VIII.1 IX.9
G, D4/M:82/W, 28	VIII.6 IX.1 IX.8
G, D46/M:115/W, 73	VIII.3 VII.9
G, D58+N35/M:VII-124+331/W, 92	VII.11 VIII.5 VIII.7 IX.10
G, F27/M:166/W, 113	VIII.12 IX.10
G, G5/M:184/W, 126	VII.10 VIII.1 IX.6
G,M12+G1/M:277+192/W, 177	VIII.8 VIII.10
G, V31/M511/W, 331	VII.4 VII.7 VIII.1 IX.1
Imn/M:LXII-282+540B/W, 384	VIII.2 VIII.4 VIII.5 VIII.6

Abb. 4

mag. pHarris vs. I-II

G, A1/M:33/W, 4	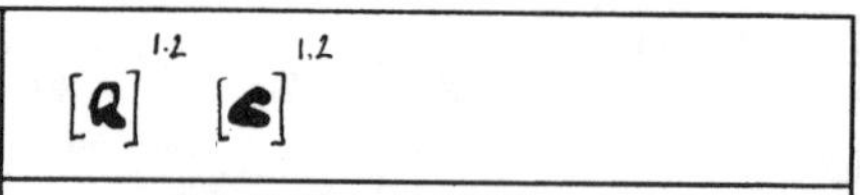
G, A2/M:30/W, 10	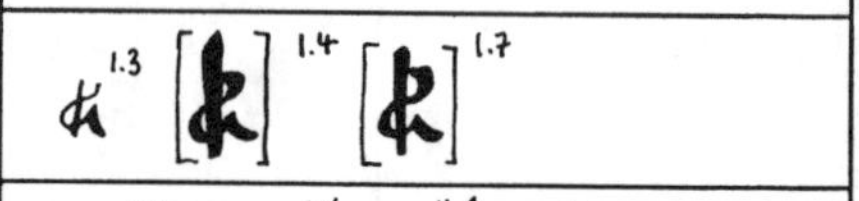
G, A24/M:15/W, 16	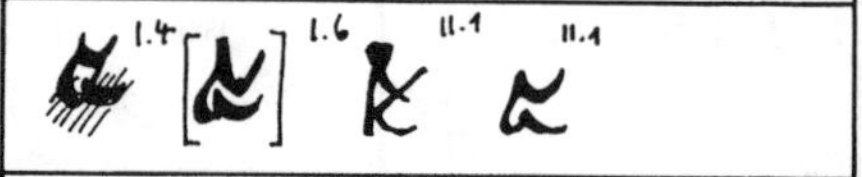
G, A17/M:30/W, 13	nicht belegt
G, D2/M:80/W, 26	
G, D4/M:82/W, 28	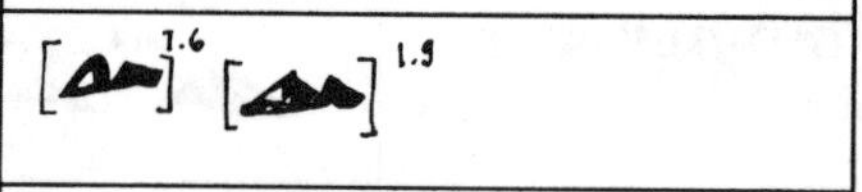
G, D46/M:115/W, 73	
G, D58+N35/M:VII-124+331/W, 92	
G, F27/M:166/W, 113	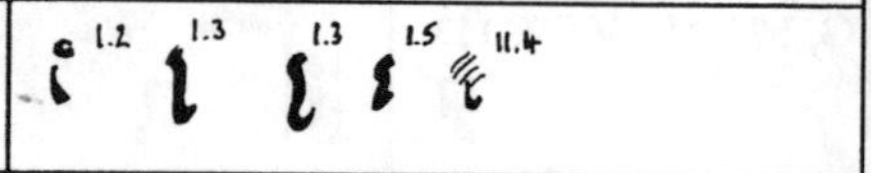
G, G5/M:184/W, 126	
G,M12+G1/M:277+192/W, 177	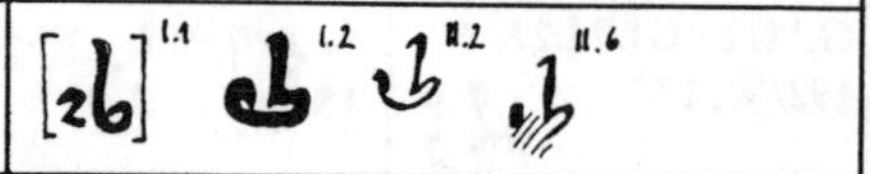
G, V31/M511/W, 331	
Imn/M:LXII-282+540B/W, 384	nicht belegt

Abb. 5

§ 6 Abriß des Inhalts

Die Heidelberger Fragmente des *magischen Papyrus Harris* haben die Sprüche L–Y vollständig bewahrt, also 14 der insgesamt 26 Sprüche des Gesamttextes. Die Sprüche L–V[28] thematisieren die Abwehr von Krokodilen innerhalb eines magischen Diskurses[29], sowohl indirekt (Spruch L) als auch mit Hilfe der Identifikation des Aktanten mit der Großen Überschwemmung (Spruch M), Anubis-Sopdu (Spruch N und O), Isis (Spruch P), Horus (Spruch Q) und mit Gottheiten der kriegerischen Auseinandersetzung wie Amun, Onuris, Month, Seth, Sopdu (Spruch T) und Maga (Spruch V). Sinn dieser Sprüche ist die Abwehr von Krokodilen am Tage und in der Nacht sowie zu Lande und zu Wasser.

Der Schluß des Textes (Spruch X–Y) beschreibt die Abwehr von Dämonen, die in Gestalt wilder Tiere die Viehherde gefährden. Hier identifiziert sich der Aktant mit Horus sowie Hauron. Im Gegensatz zu den meisten der vorangegangenen Sprüche bedient sich der Aktant verschiedener magisch wirksamer Ausdrücke, die der kanaanäischen Sprache entnommen sind. Neben der Nennung von Hauron findet auch die kanaanäische Göttin Anat Erwähnung. Spruch Z, der auf dem Londoner Fragment bewahrt ist, ist ein vollständig in kanaanäischer Sprache abgefaßter Spruch. Für weite Teile des *magischen pHarris* kann daher Palästina als Herkunftsort des Archetyps angenommen werden.

---

[28] Zu einem Abriß des Gesamtinhaltes des Textes vgl. LANGE, Magischer Papyrus Harris, 9 f.

[29] Der erste Spruch dieses Diskurses, Spruch K, der auf dem Londoner Fragment erhalten ist, trägt den Titel: *r3 tp.y.n s:ḥs m mw nb**, Erster Spruch aller Gesänge auf dem Wasser*, *pBM 10042* VI.10, ed. LANGE, *Magischer Papyrus*, 53.

§ 7 Übersetzung und Kommentar

VII.1 *[ḥr mw**   [auf dem Wasser:*
ḫꜣ^c ṯw ḥr mw*   So wirf (es) in's Wasser!¹*

Kommentar:

1 Diese beiden Verse bilden den Schluß von Spruch K, vgl. LANGE, *Magischer Papyrus Harris,* 53f.

Spruch L

ky rꜣ*   Anderer Spruch²:*
ỉnk st]p.w n ḥḥ pr(j).w m ḏꜣ.t*   ich bin einer, der er] wählt ist
          von Millionen³ und der hervor-
          kommt aus der Unterwelt⁴*
nn rḫ.tw rn≠f*   Nicht kennt man seinen
          Namen⁵*
ỉr dm.tw rn≠f ⟨ḥr⟩ spꜣ.t **VII.2** *[ỉtrw**   Wenn sein Name gesagt wird
          ⟨am⁶⟩ Ufer [des Flusses:*
kꜣ ^cḥm≠f*   so versiegt er⁷*
ỉr dm.tw rn≠f m tꜣ]*   Wenn sein Name auf der Erde
          gesagt wird*]
kꜣ [ỉr]y≠f tkꜣ*   so [er]zeugt sie eine (Stich-)
          Flamme⁸*
ỉnk Šw twt n R^c*   Ich bin Schu, das Abbild Res*
ḥms(j)(.w) **VII.3** *[m ẖnw wḏꜣ.t ỉtf≠f**   sitzend⁹ [im Inneren des
          Auges¹⁰ seines Vaters¹¹*
ỉr wn(.w) nt.y ḥr mw rꜣ≠f*   Was denjenigen angeht, der
          öffnet – von dem gilt, daß er
          sich im Wasser befindet¹² –
          seinen Rachen,*
ỉr ktkt]≠f m ^c.w.y≠f*   und wenn] er mit seinen beiden
          Vorderbeinen [ausschlägt]¹³,*
[ỉw]≠ỉ dỉ.t hꜣy [tꜣ m nmn.t]*   dann lasse ich [die Erde in das
          Urgewässer]¹⁴ hinabsteigen¹⁵,*
mt[w rs]ỉ.t **VII.4** *[ỉr(j) mḥ.t**   und der [Sü]den [wird (zum)
          Norden¹⁶*
mtw tꜣ qd≠f*   und die Erde: sie kehrt sich um*

ḏd-mdw sp fd.w*
wḏȝ.t t]wt n In(j)(.w)-ḥr ⟨.t⟩ m ḥnw s.t

n sš.w dr.t n s*

Vier mal zu rezitieren[17].*
[Ein *wḏȝ.t*-Symbol][18], in dessen
Innerem das [Ab]bild, des
Onuris[19] sei*
als[20] Bemalung der Hand für
einen Mann.

Kommentar:

2 Übersetzungen bei BORGHOUTS, *Ancient Egyptian Magical Texts. NIS-ABA* 9, Leiden 1978, 87f, ESCHWEILER, *Bildzauber im alten Ägypten, OBO* 137, Freiburg 1994, 66 sowie LANGE, *Magischer Papyrus Harris,* 58.

3 *stp.w n ḥḥ*, „einer, den die Million erwählt hat". Wie aus Zeile VII.2 klar hervorgeht, handelt dieser Spruch von Schu. In Sargtextspruch [75] heißt es von Schu: „ich befinde mich unter den Millionen, während ich die Angelegenheiten[30] von Millionen höre" (*CT*I 322c). In dieser Stelle hält Schu als Wesir des Atum ein Verhör ab (*WB*IV.38611), woraus deutlich wird, daß ihm alle anderen Himmelswesen untergeordnet sind, vgl. ZANDEE, in: *ZÄS* 97, 1971, 159. Während es im genannten Sargtextspruch weiter heißt, Schu sei aus dem Horizont hervorgekommen (*pr(j)≈f m ȝḫ.t, CT*I.323a), vermeldet der *mag. pHarris,* Schu sei aus der Unterwelt gekommen.

4 Sargtextspruch [75] beschreibt Schu als denjenigen, „der in seinem Kreise ist, der Herr des grünen Feldes in der Unterwelt" (*CT*I.347c–348a). Für Re als Träger dieses Epithetons vgl. ZANDEE, in: *ZÄS* 97, 1971, 162.

5 *nn rḫ.tw rn≈f,* „nicht kennt man seinen Namen". Wie im Falle des Gottes Imenrenef (wörtl.: „Der-dessen-Name-verborgen-ist") ist hier auf den Mythos der Geburt im Verborgenen angespielt, der impliziert, daß bei der Geburt keine Zeugen zugegen waren. Zum Namenstabu bei Göttern vgl. KAKOSY, in: *ZÄS* 117, 1990, 150, Anm. 1.

6 Analog zu VII.2 (*ir dm.tw rn≈f m tȝ*) ist im vorliegenden Fall vor *sȝp.t,* „Ufer", die Präposition *ḥr* zu ergänzen.

7 Vgl. Komm. Nr. 8.

---

[30] Vgl. zu der Übersetzung von *mdw.w,* „Angelegenheiten" *Ptahhotep* 187, ed. ŽABA, *Ptahhotep,* 30 und *pLeiden I 346* III/5 ed. STRICKER, in: *OMRO* 29, 1948, 65.

8 Hier ist von der Hitze des Schu die Rede, deren Kraft die Flüsse versiegen und die Erde in Flammen aufgehen läßt. So heißt es in Sargtextspruch [75] von Schu: „Ich bin die Flamme (*nbỉ*) der Feuersglut (*CT* I 380b)". In diesem Spruch hat sich die Tote mit Schu identifiziert und kann die Feuersglut zur Abwehr verwenden, vgl. ZANDEE, in: *ZÄS* 99, 1972, 52. In diesem Zusammenhang hat bereits ZANDEE auf Sargtextspruch [711] verwiesen, in dem sich der Tote mit Re gleichsetzt. Diese Verbindung kennt auch der vorliegende Text (*ỉnk Šw twt R^c*).

9 *ḥms(j)*. Part. Perf. akt., eine Momentaufnahme andeutend.

10 *wḏꜣ.t*, „Auge" (*WB* I.401.13). Wie im Totenbuchspruch 42 ausführlich geschildert, bietet das *wḏꜣ.t*-Auge dem Bedrohten Hilfe und Schutz. Durch die dort mehrmals inszenierte Gleichsetzung des Verstorbenen mit Re[31] wird deutlich, daß das *wḏꜣ.t*-Auge mit der Sonnenscheibe identifiziert wird, die, als ein Schutzraum verstanden, dem Aktanten Zuflucht gewährt. Zur Identifikation des *wḏꜣ.t*-Auges mit der Sonnenscheibe und der Vorstellung, sich in ihr (*m ẖn.w*) aufhalten zu können, vgl. ASSMANN, *Liturgische Lieder*, 50 f.

11 Die Rede ist von dem Auge des Re, s. KommNr. 10.

12 *nt.y ḥr mw*, „der, der sich auf dem Wasser befindet", vgl. *pBerlin 3027* 7,6, ed. ERMAN, *Zaubersprüche für Mutter und Kind*, Berlin 1901, 30. Dieser Zusatz ist parenthetisch in den Hauptsatz *ỉr wn rꜣ≈f* eingeschoben und unterbricht die direkte Verbindung zwischen Subjekt und Akkusativ-Objekt, wörtl.: „was angeht den Öffner – der sich auf dem Wasser befindet – seines Rachens", vgl. ERMAN, *Neuägyptische Grammatik*, Leipzig 1933, § 696. Zu weiteren euphemistischen Bezeichnungen des Krokodils im vorliegenden Text vgl. ESCHWEILER, *Bildzauber*, 57. Zu der bereits auf Wandbildern des AR thematisierten Abwehr von Krokodilen vgl. CAPART, *Memphis*, Brüssel 1930, Abb. 224. Des weiteren ist auch auf der rechten Wand der Grabkapelle des Hetepherachet in Leiden eine Szene bewahrt geblieben, die einen Mann im Nachen zeigt, der seine Hand gegen Krokodile ausstreckt, die eine Rinderherde beim Durchgang durch eine Furt bedrohen. Zum Abwehren von Krokodilen durch Ausstrecken eines Fingers vgl. *pBM 10042* VI.6–7, ed. LANGE, *Magischer Papyrus*, 50 f. Eine textliche Entsprechung finden diese im Flachbild dargestellten Szenen in einem magischen Spruch, der von BORGHOUTS aus mehreren Belegen,

---

[31] Vgl. *TB* 42, 4 und 10.

hauptsächlich aus dem Grab des Anchmahor in Saqqara aus dem AR, vgl. Capart, *Une rue de tombeaux á Saqqara*, Brüssel 1907, Taf. 27, rekonstruiert wurde, vgl. BORGHOUTS, *Magical Texts*, 83, Nr. 122 sowie S. 124.

13 *ktkt m* ^c, „schlagen, vom Krokodil (mit seinen Klauen)" (*WB* V.146.14, nur hier belegt).

14 *nmn.t*, wohl eine Verschreibung für *nwi*, „Urwasser" (*WB* II.214). Diese Deutung scheint sicher, wenngleich das Wort in einer merkwürdigen Schreibung erscheint. Anhand der Faksimiles durch CHABAS und der Heidelberger Fragmente dürfte die Transliteration als gesichert gelten. Allerdings erweckt diese Lesung mehr den Eindruck eines *nm nt.y mw*, was freilich wenig Sinn zu machen scheint. Ein Verbum *nmt*, „schreiten" (*WB* II.270f) ist ebenso wenig geeignet, über das Urwasser eine Aussage zu treffen wie *nm.t*, „Schlachtblock" (*WB* II.264) oder *nmj* „Brüllen der Rinder" (*WB* II.265), scheint das Urwasser doch eher die Vorstellung einer trägen, amorphen Masse geweckt zu haben. So heißt es in Sargtextspruch [444]: „Ich bin Nun, ich war schläfrig (*nny*) unter (*ḫt*) den beiden vollständigen Ländern (*t3.w.y tm.w.y*), doch nicht wurde ich ferngehalten (*dr*) und nicht wurde meine Zaubermacht versehrt" (*CT* V.312.e–h/S14Ca)[32]. Vielleicht ist im Zusammenhang dieses Wortspieles die Möglichkeit nicht auszuschließen, *nm(t)* in den Kontext von *nmc*, „Schlaf" (*WB* II.266.7–8) bzw. des spätzeitl.-griech. belegten Wortes *nmi.t*, „Bett" zu rücken.

15 Dieser Drohung liegt die Vorstellung zugrunde, daß, wie *pHarris*[33] belegt, Tatenen die Erde wie eine Scheibe geschaffen habe, die auf dem Urgewässer schwimmt. Der Sprecher beschwört demnach das Weltende[34] und das Absinken in das Urchaos, um das Krokodil zu beeindrucken. Während im vorliegenden Fall Schu der Sprecher ist, stellt sich Atum in seinem Jenseitsgespräch mit Osiris im Totenbuchspruch 175 selbst als derjenige vor, der alles vernichten werde, „und die Erde wird wieder in das Urgewässer zurückkehren (*t3 r ii⟨.t⟩ r nwi*), in die Urflut", vgl. NAVILLE, *Todtenbuch*, Taf. 198, Kol. 16.

16 Für *ir(j)*, „werden", vgl. *pBibl.Nat. 197* IV rt. 5, ed. ČERNY, *Late Ramesside Letters, Bibl. Aegypt. IX*, Brüssel 1939, 13.

---

[32] Ähnlich *CT* V.316f–g.

[33] S. BIRCH, *Facsimiles of an Egyptian Hieratic Papyrus of the Reign of Ramses III, now in the British Museum*, London 1876, Taf. 44.

[34] Vgl. SCHOTT, in: *AnBi* 12, 1959, 319–330.

17 *ḏd-mdw*, rezitieren, vgl. RITNER, *The Mechanics of Ancient Egyptian Magical Practice, SAOC* 54, Chicago 1993, 41f, 50.

18 Zur Bedeutung des *wḏ3.t*-Auges als Sonnenauge und Ort des Schutzes des Aktanten vor bösem Zauber s. KommNr. 10.

19 *In.w-ḥr⟨.t⟩*, Der-die-Ferne(Göttin)-zurückbringt, Onuris (*WB* I.91.11), vgl. *mag. pHarris* II.4ff sowie *pDeir el-Medineh* 1 *vs.* 3,3–4,4, s. ESCH-WEILER, *Bildzauber*, 32f. Neben der synkretistischen Verbindung des Onuris mit Schu, vgl. Zeile VII.2, gründet sich die vorliegende Nennung auch auf seine Kampfesbereitschaft gegen Apophis, vgl. JUNKER, Onurislegende, 2f, 55.

20 *n* statt *m* der Identifikation, vgl. ERMAN, *Neuägyptische Grammatik* § 467, Anm.

Zusammenfassung:

Spruch L thematisiert, wie auch die Sprüche I–K, die jedoch auf dem Londoner Abschnitt des *mag. pHarris* erhalten sind, die Abwehr von Krokodilen. Der Aktant identifiziert sich mit göttlichen Mächten, die ihm seine Herrschaft über die widrigen Mächte garantieren sollen. Ähnlich wie dies in Totenbuchspruch 42 ausgeführt ist, sucht der Aktant in einem zweiten Schritt Hilfe und Schutz im Sonnenauge, bevor er von dieser sicheren Position aus gegen die Krokodile Drohungen aussprechen kann, die für den Fall der Nichtbeachtung der Immunität des Aktanten den Weltuntergang auslösen.

Spruch M

ky r3 *

[m]i̯ n=i̯ **VII.5** *[sp sn.w.y p3*

twt n ḥḥ n ḥḥ .w.y *

p3 Ḫnm.w s3 w^c(.w) *

p3] iwr(.w) [m s]f ms(j).w n p3 hrw *

p3 nt.y tw=i̯ rḫ **VII.6** *[.k(wi̯) rn=f* *

p3 nt.y 77 n ir.t m di̯=f *

Anderer Spruch[21]:*

[Ko]mm zu mir[22],

[komm zu mir, Bild von Millionen von Millionen[23]*

Chnum, einziger Sohn[24]*

der] [ge]stern empfangen[25], heute (bereits) geboren wurde*[26]

[dessen Name ich] kenne,*

der siebenundsiebzig Augen hat[27]*

p3 nt.y 77 n] msḏr.t m dỉ≠f*

mỉ [n≠ỉ dỉ≠k] sḏm.tw ḥrw≠ỉ*

[m]ỉ sḏm.tw ḥrw **VII.7** *[.w ngg-wr*
m grḥ.t*

ỉnk Bᶜ]ḥ wr sp sn.w.y*

<u>*dd-mdw sp fd.w**</u>

und der siebenundsiebzig]
Ohren[28] hat*

Komm [zu mir, indem du]
meiner Stimme Gehör [ver-
schaffst]*

[w]ie man die Stimme [des
Großen Schnatterers[29] in der
Nacht vernimmt*

Ich bin die große Über]-
schwemmung[30], ich bin die
große Überschwemmung*

<u>Vier mal zu rezitieren*</u>

Kommentar:

21 Übersetzungen dieses Spruches bei BORGHOUTS, *Magical Texts*, 88,
Nr. 128 sowie LANGE, *Magischer Papyrus Harris*, 59 f. Eine Parallele zu diesem Spruch wurde von KAKOSY, in: *ZÄS* 117, 1990, 143–157 (Kol. A) ver-
öffentlicht.
22 Vgl. ab hier den Paralleltext *pBudapest 51.1960* Kol. A.2, ed. KAKOSY,
in: *ZÄS* 117, 1990, 143.
23 Vgl. zu diesem Ausdruck der Fülle *pBudapest 51.1960* Kol. B6, ed.
KAKOSY, in: *ZÄS* 117, 1990, 144.
24 So LANGE, *Magischer Papyrus Harris*, 60 sowie BORGHOUTS, *Magical
Texts*, 88. Weniger griffig ist dagegen eine – grundsätzlich nicht auszu-
schließende – Übersetzung durch „Sohn des Einen", da der „Eine"
(*w3(.w)*) an keiner Stelle eingeführt wird.
25 Vgl. KAKOSY, in: *ZÄS* 117, 1990, 149, Anm. d.
26 Der Verspunkt, den LANGE, *Magischer Papyrus Harris*, 60 in den Faksimiles von CHABAS vermißt, ist im Original erhalten.
27 *pBudapest 51.1960* Kol. A.5 hat an entsprechender Stelle *p3 nt.y 777*.
Zur Bildung von Ordinalzahlen mit *p3 nt.y* s. ERMAN, *Neuägyptische Grammatik*, §252.
28 Zu dieser mythisch erhöhten Zahlenangabe als Beschreibung der
Unermeßlichkeit eines Weltgottes vgl. KAKOSY, in: *ZÄS* 117, 1990, 156
sowie HORNUNG, *Der Eine und die Vielen*, 163 f. In einer stark zerstörten

Stelle des *pLeiden I 349* ist von einer Göttin mit 7 Uräen und 77 Herzen die Rede, vgl. DE BUCK und STRICKER, in: *OMRO* 21, 1940, 62 sowie *pChester Beatty* VII, rt. 3.5, ed. GARDINER, *HPBM (3rd. series)*, Bd. II, London 1935, Taf. 33. Zur Vielzahl von Augen und Ohren vgl. DAVIES, *Temple of Hibis* III, Taf. 32, Zeile 31, Übersetzung bei ASSMANN, *ÄHG* Nr. 129, 158–162.

29 Zur Gleichsetzung des *ngg-wr* mit Amun vgl. *pLeiden* I 350: „*ngg=f ḫrw m ngg wr*", „er läßt die Stimme ertönen als Großer Schnatterer", s. EISSA, in: *GM* 144, 1995, 32 f. S. auch MONTET, in: *MonPiot* 57, 1971, 22 f.

30 Der Begriff des *bꜥḥ*, Überschwemmung, ist ein zentraler Begriff in den Totenwünschen nach Versorgung mit Wasser und Libation. Nur am Rande und zwar lediglich insofern, als alles Wasser letztlich aus dem Nil kommt, hat dort der Begriff *bꜥḥ* mit der Nilüberschwemmung zu tun, wenngleich die Nilüberschwemmung als Leichensekret des Osiris ausgedeutet wird. Beide Ausdeutungen des Begriffes *bꜥḥ*, nämlich als Wasserspende zum einen und als Leichensekret zum anderen, finden sich in *PT* [460] = § 868a–b miteinander verwoben:

ḏd mdw
h3 NN pn mw=k bꜥḥ
qbḥ=k bꜥḥ wr pr im=k

Rezitation:
O dieser NN hier: dein Wasser ist die Überschwemmung, dein kühles Wasser ist die große Überschwemmung, die aus dir hervorkommt.

Darüberhinaus fährt *PT* [460] mit dem Aufruf fort, zu schweigen und dem verstorbenen König Gehör zu schenken, ähnlich wie im *mag. pHarris* kurz zuvor Chnum aufgefordert wurde, dem Aktanten Gehör zu verschaffen. In *Pyr.* § 868c heißt es dazu:

i.gr m sḏm=ṯn sw mdw pn i.ḏdw NN pn

Schweigt, damit ihr es hört, dieses Wort, das NN hier gesagt hat.

Möglicherweise ist die Selbstentdeckung des Aktanten als *Bꜥḥ wr* dahingehend zu verstehen, daß er sich im Zuge eines mythischen Parallelismus mit dem toten Osiris identifiziert. Dieser sieht sich nach dem Tode ebenfalls Feinden gegenüber, sein Leichensekret jedoch, das durch den

Mythos ausgedeutet und in seinen Bestandteilen multipliziert wird, schwillt zu einer Welle neuen und zyklischen Lebens an. So, wie das Wasser der Überschwemmung einen maßgeblichen Anteil an der kultischen Versorgung des Toten hat, so ist es andererseits die Lebensgrundlage der Tiere des Wassers, zu denen auch die Krokodile zählen. Dem Aktanten gelingt es mit diesem Spruch, sich mit dem natürlichen Lebensraum der Krokodile zu identifizieren und so eine gewichtige Position in der Auseinandersetzung mit diesen gefährlichen Tieren einzunehmen.

Zur Erhöhung dämonischer Wesen zu physischer Größe durch den Zusatz *wr/wr.t* vgl. KAKOSY, *Zauberei*, 69 f.

Zusammenfassung:

Spruch M enthält eine Anrufung an den universellen Gott, dem Aktanten in seiner Auseinandersetzung mit den Krokodilen Gehör zu verschaffen und ihm beizustehen. Ein Paralleltext hat sich in dem ebenfalls ramessidischen *pBudapest 51.1960* Kol. A erhalten.

Spruch N

*ky[r3]**	Anderer [Spruch][31]*
*î [b3] sp sn.w.y**	Oh[, Ba!] Oh, Ba!*
*înk Inpw**	Ich bin Anubis*
VII.8 *[Spd s3 Nb.t-ḥw.t**	[Sopdu[32], Sohn der Nephthys[33]*
*dd-mdw sp fd.w]**	Vier mal zu rezitieren]*

Kommentar:

31 Eine Übersetzung dieses Spruches bei LANGE, *Magischer Papyrus Harris*, 61.
32 *Inpw-Spd*, Anubis-Sopdu. Obwohl die beiden Namen durch einen Verspunkt voneinander getrennt sind, ist dennoch von einer synkretistischen Verschmelzung beider Gottheiten auszugehen, für die hier und in Spruch O der älteste sichere Beleg vorliegt, vgl. SCHUMACHER, *Der Gott Sopdu*, *OBO* 79, 1988, 238 ff.
33 Zu Anubis als Sohn der Nephthys s. QUAEGEBEUR, in: *Studia Aegyptiaca* III, 1977, 121 f.

Spruch O

[ky r3*   [Anderer <u>Spruch</u>:[34]*
wnm.y sp sn.w.y i3b.y sp sn.w.y]*   Rechts, rechts, links, links!]*
ink Inpw-Spd s3 [R^c*   Ich bin Anubis-Sopdu[35], Sohn
                                             des [Re*
⟨dd-md.w⟩ sp fd.w*]   Vier mal ⟨zu rezitieren⟩]*

Kommentar:

34 Eine Übersetzung dieses Spruches bei LANGE, *Magischer Papyrus Harris*, 61.
35 *Inpw-Spd*, Anubis-Sopdu. Vgl. KommNr. 32.

Spruch P

ky r3*   Anderer <u>Spruch</u>:[36]*
hw(j) [3s.t **VII.9** *m dnh=st**   [Isis] schlägt [mit ihren
                                             Flügeln*
htm=st r3 n itr.w*   Sie verschließt den Mund[37] des
                                             Flusses*
di=st sdr p3 rm.w hr h3.y.t*   und sie verursacht, daß die
                                             Fische im Schlamm liegen*
bw thb.n sw h3n*   ohne[38] daß ihn eine Welle
                                             benetzen könnte*
VII.10 *b{p}3g3*[39] *3s.t*[40] *⟨hr*[41]*⟩ mw*   Isis ermattet auf dem Wasser,
ts(j) 3s.t hr mw*   Isis erhebt sich ⟨auf⟩ dem Was-
                                             ser*
rmw=st m h3.y ⟨r⟩ mw*   und ihre Tränen fallen ⟨in⟩ das
                                             Wasser*
mk Hr nk=f mw.t=f 3s.t*   Sieh' den Horus! Er beschläft
                                             seine Mutter Isis*
*rmw=st m h-***VII.11***-3.y r mw**   und ihre Tränen fallen in das
                                             Wasser[41]*
mh m wd.w m r3 n i^cn*   Ein Armvoll Buntbarsche ist im
                                             Mund des Pavians[42]*
mh n h.t wd3 m r3 n ntr*   Ein Armvoll von *wd3*-Holz ist
                                             im Mund des ?-Gottes[43]*
m 3s.t i.ir(j).t šd.w*   Isis ist es, die rezitiert*

*bn msḥ.w i̯.-**VII.12**-ir(j).t**	Nicht ist es ein Krokodil, das handelt*
*s3.w i̯.y s3.w]**	Schutz, es kommt der Schutz*]

Kommentar:

36 Übersetzung bei LANGE, *Magischer Papyrus Harris,* 62f, BORGHOUTS, *Magical Texts,* 88, Nr. 129.

37 Damit dürfte die Quelle des Flusses gemeint sein.

38 Vgl. die bibliographischen Anmerkungen zu der Verbalform *bw sḏm.n͗f* bei NEBE, in: *GM* 137, 1993, 18, Anm. 1.2.

39 Der *p3*-Vogel ist in den *b3*-Vogel zu emendieren.

40 Zur Lesung vgl. LANGE, *Magischer Papyrus Harris,* 63, Anm. 6.

41 Die Episode der Vergewaltigung der Isis durch Horus ist in einem Min-Hymnus aus dem MR erhalten, wo es heißt: „Möge sich dein Herz dem König anschmiegen, wie sich das Herz des Horus seiner Mutter Isis anschmiegte, als er sie beschlief, als er sein Herz an sie gab, indem seine Seite an ihrer Seite war ohne daß er sich bewegte", vgl. ASSMANN, *ÄHG* 212, 14–17[35].

42 Vgl. BORGHOUTS, *The Magical Texts of Papyrus Leiden I 348,* OMRO 51, 1971, 214 (mit Parallelen).

43 Vgl. BORGHOUTS, *Magical Texts,* 88, der durch „morning god?" übersetzt.

Zusammenfassung:

Spruch P benutzt die mythische Episode der Vergewaltigung der Isis durch ihren Sohn Horus, ohne jedoch den Horusmythos zur Unterstützung der magischen Abwehr der Krokodile anzuwenden.

Spruch Q

*ki r3**	Anderer Spruch*[44]
*pꜥ-[pꜥ-rw-k3**	Pa-[pa-ru-ka[45]*
*pꜥ-pꜥ-r-k3**	Pa-pa-r-ka*
*pꜥ-pꜥ-rw-r3**	Pa-pa-ru-ra*
n] **VIII.1** *Ḥnm.w r šꜥ[r**	Nicht] wird Chnum be[rechnen[46]*

---

[35] Diesen Hinweis verdanke ich Prof. Dr. JAN ASSMANN.

n Tἰkm.t ḥr šd(j).t[47] *

ἰmἰ šd(j).tw] nn ḥr mw *

ἰnk Ḥr [šd(j).y *

ḏd mdw sp fd.w]*

und nicht rettet Tjkemet[48] *

Gib, daß man] uns auf dem
Wasser rettet*

Ich bin Horus, [der Retter[49] *

Vier mal zu rezitieren*]

Kommentar:

44 Übersetzungen bei LANGE, *Magischer Papyrus Harris*, 65, BORGHOUTS, *Magical Texts*, 89, Nr. 130.

45 Dieses Zauberwort besteht aus 2 Bestandteilen. Der erste Bestandteil ist in Texten aus griechischer Zeit i. S. v. „erglänzen" nach der Grundbedeutung „gebären" belegt, vgl. *WB* I. 504.3–5 und 6–7 sowie DAUMAS, in: *RHR* 149, 1956, 8, DERS., in: *Le Mammisis des temples égyptiens*, Paris 1958, 363, Anm. 1 und 3. Über den zweiten Bestandteil *rwk3/lk3* lassen sich, so wie die Dinge derzeit stehen, keine Aussagen treffen.

46 Die Übersetzung von *šᶜr* ist unsicher, vgl. zur Lesung allgemein HOCH, *Semitic Words in Egyptian Texts of the NK and 3rd. Intermediate Period*, New Jersey 1994, 273. LANGE, *a.a.O.* übersetzt durch „drohen", vgl. dagegen für eine Übersetzung durch „versprechen" JANSSEN, in: *SAK* 20, 1993, 86 sowie LESKO, *A Dictionary of Late Egyptian*, Bd. 3, Berkeley 1987, 138.

47 Es handelt sich um das Suffix-.*t* des IIIinf.-Verbums *šd(j)* in der pseudoverbalen Konstruktion. Das Zeichen des Eies dahinter deutet vermutlich auf eine Verschreibung aus der diesem Text eigenen Schreibung von *t* + Ei für Isis hin. LANGE, *Magischer Papyrus Harris*, 65 übersetzt durch „Tjk3mt rezitiert nicht; oh Isis", während BORGHOUTS, *Magical Texts*, 89 die vermeintliche Schreibung für Isis zum folgenden Vers zieht: „Oh Isis, let the water be exorcised for us".

48 Möglicherweise handelt es sich um eine Verschreibung für den Gott *Tkm*, vgl. KLASENS, in: *OMRO* 56, 1975, 27 sowie KAKOSY, in: *Fs Museum Berlin*, 116, Zeile 4 und 117.

49 Zu *Ḥr-šd(j).w* als „Horus-der-Retter" vgl. *pLeiden I 348 vs.* 12.6., ed. BORGHOUTS, *Magischer Papyrus Leiden I 348*.

Spruch R

VIII.2 *kἰ r3*

h3.y [sp sn.w.y ἰ3b.y] p.t [ἰ3b.y t3 *

Anderer Spruch:[50]

Heda, [heda! Östlicher] des
Himmels, [Östlicher der Erde![51] *

Imn] ᶜḥᶜ(.w) [m ḥq3 t3(j)].y=f   Amun] steht da [als Herrscher],
ḥḏ.t t3-ḏr=f*   nachdem er die Weiße Krone
                                         des ganzen Landes [ergriffen]
                                         hat*

m [s]g3*   Sei nicht [tr]äge[52],*
VIII.3 *[ỉ.šm].t ḥfd3 ḥtm [r3]=sn*   sondern [be]eile dich und ver-
                                         schließe ihren [Mund][53]!*

ỉw [ḏdf.t] nb.t dm.y[.w p3 ỉwtn].w*   denn alle [Würmer] haften [am
                                         Boden]*

m snḏ n **VIII.4** *[pḥ.t.y=k] Imn**   aus Furcht vor [deiner Stärke],
                                         Amun*

Kommentar:

50 Übersetzungen bei LANGE, *Magischer Papyrus Harris*, 67f, BORGHOUTS, *Magical Texts*, 89, Nr. 131.

51 Übersetzung nach BORGHOUTS, *Magical Texts*, 89, die dem Versuch LANGES, *Magischer Papyrus Harris*, 67 vorzuziehen ist, da sie ohne Emendationen am Text auskommt.

52 Vgl. CAMINOS, *LEM* 6,6,2.

53 Die Rede ist von den Mäulern von Würmern, vgl. im folgenden, sowie den „Spruch zum Verschließen des Mundes jeder männlichen und weiblichen Schlange", GOYON, in: *JEA* 57, 1971, 154–159 und ALTENMÜLLER, in: *GM* 33, 1979, 7–12. Zum Motiv des Verschließens von Mäulern zur magischen Immunisierung von Dämonen in Gestalt wilder Tiere vgl. im folgenden die Sprüche X und Y. Zu Schlangen und Würmern als vernichtende Wesen vgl. den Nektanebos-zeitlichen *pBM 10081*, Kol. 36.8 + 9. Zum Verschließen des Mundes von Schlangen vgl. *Metternichstele*, Z. 112–115, ed. SANDER-HANSEN, *Metternichstele*, *AnAEg* 7, Kopenhagen 1956, 52 sowie den Paralleltext auf dem Sockel einer Horusstele des Benitehhor, ed. ALTENMÜLLER, in: *SAK* 22, 1995, 4.

Zusammenfassung:

Spruch R enthält eine Anrufung an Amun. Das Thema ist dem Kontext der Herrschaft entnommen, Amun ist mit den Insignien der Königswürde ausgestattet (*ḥḏ.t*). Er wird dazu aufgefordert, die Münder der Würmer und Reptilien zu verschließen, um sie somit zur Passivität zu verdammen. Diesen Kunstgriff thematisieren auch die Sprüche X und Y (im folgenden) im Kampf gegen wilde Tiere.

Spruch S

ky r3*	Anderer Spruch*
ind-ḥr=k p[3 ꜥn] n mḥ [7*	Sei gegrüßt, [Pavian] von [7] Ellen*
nt.y ir.t=f m ktm.w.t] sp.t=f m ḥ.t*	dessen Auge aus Gold[54], dessen Lippe Feuer ist*
[md.w.t **VIII.5** *=f nb m nfr]**	[dessen Worte alle eine Flamme sind]*
smn p3 [mḥ.w	Halte den [Schwimmenden[55]] fest,
pr(j)=i wd3=kwi]*	[damit ich wohlbehalten herausgehe]*

Kommentar:

54 Möglicherweise handelt es sich um bei dem „Auge aus Gold" um eine euphemistische Bezeichnung des Mondes, vgl. den griechisch belegten Ausdruck *itn n ktm.t* für Mond, *WB* V. 145.10. Vgl. im folgenden.
55 Für weitere euphemistische Bezeichnungen für das Krokodil im *mag. pHarris*, vgl. ESCHWEILER, *Bildzauber*, 57.

Zusammenfassung:

Dieser Spruch dient der Abwehr der Krokodile in der Nacht. Der Aktant verpflichtet den Mond, seinen Schein auf das Krokodil fallen zu lassen, damit dieses nicht aus dem Schutz der Dunkelheit überraschend angreifen kann. Schon Herodot beschreibt, daß sich die Krokodile des Nachts im Wasser aufhalten, „denn das Wasser ist des Nachts wärmer als die Nachtluft und der Tau" (HERODOT II.68).

Der angesprochene Pavian ist mit dem Mondgott Thot zu identifizieren, als dessen Personifikation der Pavian gilt, vgl. die Schreiberstatuette mit Thotpavian in *JEA* 19, 1933, Taf. 17 sowie die Pavianbilder des Thot in den Schreibstuben von Beamten, BENEDITE, in: *Mon.Piot* 19, 1912 u.v.m. Bereits in den Pyramidentexten wird Thot mit dem Mond identifiziert, vgl. *Pyr.* §128b–c.

Spruch T

[ky r3*
bn iw꞊k ḥr꞊{r}i i]nk [Imn*

ink In(j)(.w)-ḥr⟨.t⟩] ꜥḥ3.w **VIII.6** *[nfr*

ink wr nb ḫpš*

m ir t]wn [ink Mnṯ.w]*

m ir wnwn [ink Swtḫ*
n β(j) ꜥ.w.y꞊k ḥr **VIII.7** *=i ink Spd**

m ir pḥ ink] šd.w*

iw n3 [nt.y hrp.w bn bs.y꞊st*

n3 nt.y bs.y.w bn hrp.w ⟨꞊st⟩ iw.w
VIII.8 *ḥ3ꜥ m ḫd(j)] ḥr mtr.w**

m[i] mt(.w).t ḥr [mḥ.y.t*
iw ḫtm.w r3.w*
mi ḫtm].tw p3 7 [ḫtm **VIII.9** *ꜥ3.y.w**

i].ḫtm [ḏ.t]*

[Anderer Spruch**
Du wirst nicht über mir sein,
i]ch bin [Amun*
Ich bin Onuris[56], der [gute]
Streiter,
[ich bin der Große, der Herr
der Kraft]*
Sto[ße nicht zu, ich bin
Month]*
Drohe nicht, [ich bin Seth*
Nicht mögen sich deine Arme
über mich erheben[57], ich bin
Sopdu*
Greife nicht an, ich bin] der
Retter[58]*
Die, [die tauchen, nicht sollen
sie emporkommen*
und die, die emporgekommen
sind, nicht sollen sie (hinab-)-
tauchen[59], denn sie sind (dazu)
verbannt], auf dem Wasser
[nordwärts zu treiben]*
w[ie] Tote auf der [Flut*
Die Mäuler sind versiegelt*
wie] man die 7 [großen Kästen
verschließt]*
[die ewig] schließen[60]*

Kommentar:

56 Vgl. zu Onuris als Jäger und Kämpfer JUNKER, *Onurislegende*, 2ff.
57 Zu dem Ausdruck *β(j)-ꜥ*, den Arm erheben, als ein Terminus der Inbe-
sitznahme vgl. den Verklärungsspruch *CTsp.* [837] = VII.38h: *β(j) ꞊k ḥr*
ꜥnḫ smn ꞊k ḥr w3s, Erhebe deinen Arm unter die Lebenden und stütze
deinen Arm auf das *w3s*-Szepter, sowie den Vorläufer *PT* [477] = *Pyr.*
§967d: *smn꞊f ꞊k ḥr ꜥnḫ β(j).y N ꞊k ḫr w3s*, Er stützt seinen Arm über den

Lebenden, N wird deinen Arm mit dem *w3s*-Szepter erheben. Zur Vermeidung des *f3(j)-ᶜ* aus religiöser Scheu vgl. *st.Or.Inst. 8798*, Zeile 15, ed. BROVARSKI, in: *JEA* 62, 1976, Taf. XIA: *n f3(j)=i m pr F3(j)(.w)-ᶜ*, nicht habe ich meinen Arm im Hause dessen, dessen Arm erhoben ist, erhoben.
58 Möglicherweise ist der bereits in VIII.1 erwähnte *Ḥr-šd(j)(.w)* gemeint, vgl. KommNr. 49. Nicht ganz auszuschließen ist jedoch auch die Lesung des Gottes Sched, wie er ab der 18. Dyn. belegt ist. Besonders der Fundort des vorliegenden Textes, Deir el-Medineh, galt als eine der wichtigsten Verehrungsstätten des Sched, der dort als Sched von *t3 wḥ.t* auftrat, vgl. BRUYERE in: *FIFAO* 20.3, 1952, 143. Als Retter ist Sched auch im Zusammenhang mit den von Krokodilen ausgehenden Gefahren belegt, vgl. BRUYERE in: *FIFAO* 20.3, 1952, 141 sowie BRUNNER, in: *MDAIK* 16, 1958, 17.
59 Diese Metapher umschreibt wiederum die Krokodile. Die Wasseroberfläche wird als Grenzbereich zwischen dem Leben (oberhalb) und dem Tod (unter der Wasseroberfläche) beschrieben. Die Grenze kann nur von den Krokodilen überschritten werden, deren Wandel zwischen den Welten für den Aktanten unwägbar ist und daher als Bedrohung verstanden wird. Die Aufforderung an die Krokodile ist demnach so zu verstehen, daß sie aus ihren Tiefen nicht auftauchen sollen, um den Aktanten zu packen. Falls sie aber doch aufgetaucht sind, werden sie aufgefordert, nicht wieder abzutauchen, denn dies würde bedeuten, daß der Aktant als Beute mit in die Tiefe gerissen werden könnte. Sinn des Spruches ist es, sich vor den Krokodilen in jedem ihrer natürlichen Lebensräume zu erwehren.
60 Vgl. SCHOTT, in: *ZÄS* 65, 1930, 37.

Zusammenfassung:

Eine in der Magie häufig anzutreffende Methode, sich feindlicher Einflüsse zu erwehren, ist die Identifikation mit höheren Mächten, die von beiden Seiten uneingeschränkt als Autoritäten anerkannt werden. Im Falle von Spruch T identifiziert sich der Aktant mit Amun, Onuris, Month, Seth, Sopdu und Horus. All diesen Gottheiten, mit Ausnahme des Horus, ist die Eigenschaft gemein, als Götter eines realweltlichen Kampfes und der kriegerischen Auseinandersetzung aufzutreten. Kosmische Gottheiten, wie beispielsweise Atum und Re tauchen dagegen in Sprüchen der magischen Abwehr von Dämonen, also übernatürlichen Kräften auf, vgl.

pLeiden I 346 I/7–8, *CT*sp. [440] = V.293b–c. Das Auftreten des Horus erklärt sich durch seine Rolle als fürsorglicher Heiler, der dem ursprünglichen Muster des Patienten par excellence entwachsen, zum Schützer des Toten und des Lebenden reift.

Spruch U

_____ *	Pause*
*ỉ [nmỉ pwy n{.t} p.t sp.sn.w.y**	Oh, [dieser Zwerg des Himmels, oh dieser Zwerg des Himmels⁶¹*
*p3 nmỉ ᶜ3 ḥr]**	Dieser Zwerg, groß an Gesicht⁶²]*
*q3 3.t [ḥwᶜ **VIII.10** mn.t.y**	mit hohem Rücken und [kurzen Oberschenkeln*
*p3] wḫ3 ᶜ3 [nt.y] š3ᶜ m p[.t ⟨r⟩ d3.t**	die] große Säule, [die] vom Him[mel ⟨bis⟩ in die Unterwelt reicht*
p3 nb n t3 ḫ3⟨.t⟩ ᶜ3.t	der Herr des großen Leichnams,
*nt.y Ḥtp(.w)] m Iwn.w**	der der Ruhende⁶³] in Heliopolis ist*
*p3 nb ᶜ3 [ᶜnḫ **VIII.11** nt.y ḥtp m D̠d.t**	der große Herr [des Lebens, der in Busiris⁶⁴ ruht*
*tw n⸗k mn ms(j)(.w) n mn.t]**	Gib acht⁶⁵, NN, Geborener der NN!]*
*s3.w [sw m hrw**	Beschütze [ihn am Tage*
*rs-tp sw m grḥ.t]**	bewache ihn bei Nacht]*
mk sw mỉ mk(j)[⸗k Wsỉr	Beschütze ihn, wie [du Osiris
VIII.12 m-ᶜ] Imn-rn⸗f**	vor] Dem-dessen-Name-verborgen-ist beschützst⁶⁶*
*hrw pf n s[m3] t3 m [Iwn.w**	an jenem Tag des Be[gräb]nisses in [Heliopolis*
ỉnk rw m Im.t	Ich bin der Löwe in Imet⁶⁷
*pr n bn.w**	dem Haus des Phönix⁶⁸]*
*ḫpr].w⸗k m g3f [ḥr s3] **IX.1** kḥkḥ**	Deine [Transformationen] sind die einer Meerkatze⁶⁹ [nach] dem Altern⁷⁰*

*mtr.t nw m-ḏr ḥȝb=k n=ỉ**	Ein Zeugnis ist dies, seit du mir geschrieben hast*
*ỉw.tw s:nḏm m Inb-ḥḏ.t**	Man machte es sich in Memphis bequem*
r ḏd ỉ[m]ỉ ỉr.y.tw n=ỉ IX.2 *kȝr n mḥ [½**	um zu sagen: Man s[ol]l mir einen Schrein von einer [halben] Elle machen*
*ỉ]w m ntk nḫtỉ n mḥ [7]**	Du bist aber ein Riese von [7] Ellen![71]*
*ỉw=ỉ ḏd n=k nn [ỉ]w=k rḫ ᶜ[q] r pȝ kȝr n mḥ ½**	Ich versichere dir: nicht kannst du ein[treten] in diesen Schrein von einer halben Elle,*
ỉw IX.3 *m [ntk] nḫt[ỉ n mḥ 7**	denn [du] bist ein Ries[e von 7 Ellen*
*ỉw=k ᶜq ỉ]w=[k] ḥt[p m ḫnw=f]**	Aber du gingst (doch) hinein und] [du] ruh[st (doch) in seinem Inneren[72]*
[ḥr]-ptr [ḥr ḥ]wỉ ḥwỉ ḫm Nn.w[*]	[Nun] siehe! [Der Überfluß] der Flut kennt auch nicht den Nun[73](?)[*]
IX.4 *[pȝ kȝr wn(.w) sp sn.w.y**	Der Schrein wurde geöffnet, der Schrein wurde geöffnet*
*pȝ nt.y ỉm=f m ḥr n gȝf**	und der, der sich in ihm befand hatte als Gesicht das einer Meerkatze!*
wȝw sp sn.w.y ḫt sp sn.w.y]*	Wehe, wehe! Feuer, Feuer!*]
ms.y rp.y.t IX.5 *[ᶜᶜn*]*	Es wird die Statue eines [Pavians] geschaffen[74]*

Kommentar:

61 Übersetzung bei BORGHOUTS, *Magical Texts,* 90 Nr. 134, LANGE, *Magischer Papyrus Harris,* 72–79 und ROEDER, *Zauberei und Jenseitsglauben,* Zürich 1961, 175f. Zum Zwerg als dem höchsten Gott, der zu Heilzwecken angerufen wird und sich im Himmel aufhält (*nmỉ pwỉ ḥrỉ-ỉb p.t*) vgl. *pDeir el Medineh I* ed. ČERNY und POSENER, *Papyrus hiératiques I* Nr. 1, *vs.* 4. Text, Taf. 12/12a, Zeile 5.

62 Vgl. hierzu MALAISE, in: *Fs. Lichtheim,* 717 sowie Anm. 115, der annimmt, daß es sich hier um Schu in einer Bes-Gestalt handelt. BORG-

HOUTS, *Magical Texts*, 111, Anm. 306 denkt an den Sonnengott in Gestalt eines Zwerges. Vielmehr ist jedoch von der in Texten des magischen Diskurses beliebten Beschreibung des Weltgottes als Riesenzwerg auszugehen. Obwohl diese Gestalt als Riese beschrieben wird, trägt sie dennoch die krankhaft verzerrten Züge eines Zwerges, vgl. VITTMANN, *„Riesen" und riesenhafte Wesen in der Vorstellung der Ägypter, Beiträge zur Ägyptologie*, Bd. 13, Wien 1995, 15f. Zu dem Epitheton ʿꜣ ḥr, vgl. die zahlreichen Literaturangaben bei VITTMANN, *op.cit.*, 16 Anm. 76.

63 Die vorliegende Schreibung ist mit dem Gottesdeterminativ versehen, im Gegensatz zu der Schreibung im folgenden Vers (VIII.11).

64 Anders LANGE, *Magischer Papyrus Harris*, 76 sowie ROEDER, *Zauberei und Jenseitsglaube*, 175, die in Ḏd.t die Nekropole von Heliopolis vermuten. Die Schreibung Ḏd.t ʿꜣ.t nt Iwn.w für die Nekropole von Heliopolis wird im NR stets mit dem Fremdlanddeterminativ geschrieben, vgl. GAUTHIER, *Dict. Géogr.* Bd. 6, 137. Dagegen werden zahlreiche Begräbnisstätten des Osiris mit ḏ oder ḏd gebildet, deren wichtigster Busiris sein dürfte.

65 So auch BORGHOUTS, *Magical Texts*, 90. LANGE, *Magischer Papyrus Harris*, 76 vermißt dagegen am Versbeginn ein Verbum, das der mutmaßlichen Passivendung -.tw vorausgegangen sein soll. Vgl. dagegen zu *tw n≠k* als eigenständigem Ausdruck ERMAN, *Neuägyptische Grammatik*, § 365.

66 Wie die Nennung des Osiris belegt, zeigt dieser Vers deutliche Anleihen an Totentexte. Der Osirismythos ist vielleicht das markanteste Beispiel für die argumentative Abwehr von Feinden, wie sie in der Totenliteratur und in der Literatur des magischen Diskurses mittels mythischer Parallelismen praktiziert wird. Während die Totentexte, insbesondere die Verklärungssprüche des AR und des MR eine ständig wiederholte Abwehr der Feinde des toten Osiris beschwören, verlagert sich diese Thematik im NR zugunsten des Totengerichts. Dort sieht sich der Verstorbene einem Richtergremium gegenüber, das über die „Summe seiner Taten[36]" befindet. Als dieser Richtergott ist Imenrenef bereits seit den Pyramidentexten bekannt (*Pyr.* §399a), ähnlich heißt es in *CT*sp. [132]: „Ich sitze mit meinem Rücken an Geb, denn ich bin es, der zusammen mit Dem-dessen-Name-verborgen-ist richtet (*wḏ*ᶜ), wenn die *sr.w* vorüberziehen (*swꜣ*)" (*CT* II.154c–d)[37]. *CT*sp. [147] hat: *wḏ*ᶜ *m Imn-rn≠f ḥr Ḫn.t.y.w ḥw.t Wsir*

---

[36] So in der *Lehre für Merikare*, E 56.
[37] Vgl. dazu auch Sargtextspruch [136] = *CT* II.163.

„Ein Richten als Der-mit-verborgenem-Namen wegen denjenigen, die
dem Haus des Osiris voranstehen" (*CT* II.207a, S1Ca).

67 Für *Im.t* als Stadtname von Buto vgl. GOMAA, *Die Besiedlung Ägyptens
während des MR, Bd. II. Unterägypten und die angrenzenden Gebiete, GOF*
66.II, Wiesbaden 1987, 211.

68 In zahlreichen Totentexten wird Osiris mit dem Phönix assimiliert, vgl.
*CT*sp. [67] = I.287f; zum Wunsch des Toten, sich in einen Phönix zu ver-
wandeln, vgl. Totenbuchspruch 83, im weiteren GRAPOW, in: *ZÄS* 77,
1942, 64 sowie den Paralleltext auf *st.Or.Inst.* 8798, Zeile 8, ed. BROVARSKI,
in: *JEA* 62, 1976, Taf. XIA. Zum Wunsch des Verstorbenen nach Gemein-
schaft mit dem Phönix vgl. *CT*sp. [62] = I.267c.

69 Die Größe der Meerkatze ist mit einer halben Elle realistisch wiedergegeben, vgl. *Der farbige BREHM*[12], Freiburg 1975, 34.

70 Nach dem Altern folgt das Begräbnis und hernach die Verjüngung. Mit
dieser Verjüngung stehen die Vewandlungen, *ḫpr.w*, in engem Zusammenhang.

71 Vgl. *pBudapest 51.1960*, C.5–6, ed. KAKOSY, in: *ZÄS* 117, 1990, 147 und
153. Zu der Bezeichnung *nḫtï*, Riese, vgl. VITTMANN, *„Riesen" und riesenhafte Wesen in der Vorstellung der Ägypter, Beiträge zur Ägyptologie*, Bd. 13,
Wien 1995, 3–8.

72 Dieses Motiv ist in Spruch V wieder aufgenommen, vgl. *mag. pHarris*,
IX.8–9 und IX.9.

73 Übersetzung unsicher. Wenig überzeugend ist die Auffassung ROEDERs,
wonach dieser Vers so zu verstehen ist, daß sich Nun in die Überschwemmung des Nil auf der Erde verwandelt, vgl. ROEDER, *Zauberei und
Jenseitsglauben*, 174. Die Stringenz einer solchen Interpretation will sich
mir ausgehend vom Text jedoch nicht erschließen. Möglicherweise handelt es sich um ein Sprichwort, das dem Vorangegangenen als eine Alle-
gorie zur Seite gestellt wird. Die Geschichte des Riesen, der, obwohl er
7 Ellen groß ist, in einen Schrein von nur einer halben Elle Höhe hinein-
paßt, straft den gesunden Menschenverstand Lügen. Dennoch ist gerade
aufgrund magischer Wirksamkeit das Unmögliche eingetreten, das
magisch ausgedeutet als logische Folge erscheinen kann. Die intellektuelle
Leistung dieser Wirksamkeit wird durch die Beschreibung der Kleinheit,
die den unbefangenen Betrachter umgibt, drastisch erhöht, indem, wie ich
das Sprichwort verstehe, das kleinste Element den Gesamtzusammenhang,
der es beheimatet, nur unvollständig begreifen kann. Was versteht die Flut
(*ḥwï*) vom Urgewässer, dessen Teil sie zwar ist, dessen Schau ihr jedoch

mangels einer geeigneten Perspektive fehlt. Die Geschichte des über-
großen Riesen wird schon allein deshalb zur begründeten Tatsache, weil
dem Uneingeweihten die Sinnhaftigkeit verborgen bleibt. Was intellektuell
nicht vestanden werden kann, muß akzeptiert werden, wie es behauptet
wurde, denn schon allein die Befähigung des Magiers zur Behauptung
impliziert die Richtigkeit seiner Aussage. Vgl. KAKOSY, in: ZÄS 117, 1990,
155f.

74 Die Pavianstatue dient dazu, Krokodile zu bekämpfen. Der Pavian ist
eine Erscheinungsform des Thot, der als Mond alles sehen kann, insbesondere die Krokodile, die sich nachts in den Gewässern aufhalten.

Zusammenfassung:

Spruch U zerfällt in zwei Teile. Während der erste Abschnitt eine Anrufung an den zwergengestalteten Bes beinhaltet, behandelt der zweite
Abschnitt die Herstellung einer Pavianstatue, mit deren Hilfe die Krokodile bekämpft werden sollen. Bereits in Spruch S war von einem Pavian
von 7 Ellen Größe die Rede, der als Verkörperung des Mondgottes Thot
vor den nachtaktiven Krokodilen schützen soll. Das Bindeglied zwischen
den beiden Abschnitten des Spruches U ist die für ihre Zwergenhaftigkeit
bekannte Meerkatze[38], die sich in einen Riesen von ebenfalls 7 Ellen verwandelt.

Spruch V

[ky r3*
i nt.y m ḫn.w mḥ⟨-n⟩.t n⟨.t⟩ Ni̯.t*

m wšḫ.t wḏ^c]-md.w.t*
n3 **IX.6** *[nb.w n p3 rs.t-n.t mḥ.t-n.t**

im{=ṯn} ß(j) ḥr=ṯn r imi̯.w mw*

Wsir] ḥr mw wḏ3.t Ḥr **IX.7** *[m ^c=f**

[Anderer Spruch*[75]
Oh, die ihr im Nordheiligtum
der Neith[76] seid,*

in der Ge[richtshalle,*
diese [Herren des Süd- und
Nordheiligtums[77]*

Erhebt euer Gesicht gegen die,
die im Wasser sind*

Osiris] ist auf dem Wasser,
indem das Heile Auge des
Horus [in seiner Hand[78] ist*

---

[38] Vgl. zur Kleinheit der Meerkatze *pAnastasi I*, 10.1, ed. FISCHER-ELFERT, *Die*
Streitschrift des Papyrus Anastasi I, ÄgAb 44, Wiesbaden 1986, 81 und 91.

mtr.t n3.w m-dr h3b=k*

Ein Zeugnis ist dies, seit du mir geschrieben hast*

iw.tw ḥms(j) m inb.w-ḥḏ.t* r ḏd

Man sitzt in Memphis*, um zu sagen:

im ir.y.tw] n=i w^c k3r n **IX.8** *[mḥ ½**

Veranlasse, daß man] mir einen Schrein von [einer halben Elle macht*

i.tw ḏd n=k] p3 [s] n mḥ [7½*

Man sagt dir: Mann] von [siebeneinhalb] Ellen*

i.ir(j)=k ^cq r=f mi ⟨i⟩ḥ^{79} *

[Wie wirst du in ihn hinein-gehen?

iw.tw] ir(j).t=f n=k iw=k ḥtp **IX.9** *[im=f**

Man hat] ihn für dich gemacht damit du [in ihm] ruhst*

M^cg3y] s3 Stḫ iw.n=f wn=[f sw*

[Maga[80]], der Sohn des Seth, ist gekommen und [e]r öffnete [ihn*

ptr=f p3] nt.y m ḫnw[=f]*

Er sieht] den, [der] sich in seinem Inneren befindet*

IX.10 *iw=f m ḥr n g3f n šnw n3 ^{cc}n**

Er hat als Gesicht das einer Meerkatze mit den Haaren eines Pavian*

[w3w sp sn.w.y sp sn.w.y ḫ.t sp sn.w.y sp sn.w.y*]

[Wehe, wehe, wehe, wehe! Feuer, Feuer, Feuer, Feuer!]*

bn ink i.ḏd **IX.11** *[sw*

Nicht ich bin es, der [es] sagt,

bn ink i.wḫ]m sw*

Nicht ich bin es, der] es [wieder]holt[81]*

m [M^cg3y s3 Stḫ i.ḏd sw

[Maga, der Sohn des Seth ist es, der es sagt,

m ntf i.wḥm sw*

und er ist es, der es wiederholt*

ḏd md.w ---*]

Rezitation (über) die beiden antithetischen Krokodils-bilder[82]]*

Kommentar:

75 Übersetzungen bei LANGE, *Magischer Papyrus Harris*, 79–83, BORG-HOUTS, *Magical Texts*, 90f, Nr. 135, ROEDER, *Jenseitsglauben und Zauberei*, 176ff, sowie ESCHWEILER, *Bildzauber*, 63.

76 Mit LANGE, *Magischer Papyrus Harris*, 81, Anm. 2 vermute ich, daß das Wort verschrieben ist. Die Parallelität zu *wsḫ.t* im folgenden Vers und die Nennungen von *rs-n.t* und *mḥ-n.t* im übernächsten Vers legen diesen Schluß nahe. Eine Übersetzung durch „Gebärmutter", vgl. ROEDER, *Jenseitsglauben und Zauberei*, 177, ist zwar durch die tatsächliche Schreibung ausgewiesen, aber deutlich als eine Defektivschreibung zu werten, die im übrigen im Kontext der Nennung des Heiligtums der Neith in Sais keinerlei Sinn macht. Zur Neith und ihrer Verbindung zu Krokodilen vgl. SCHOTT, in: *RdÉ* 19, 1967, 107 sowie unten, KommNr. 82.

77 Damit sind die Krokodile selbst angesprochen, vgl. unten KommNr. 82. Zum Nord- und Südheiligtum vgl. SCHOTT, in: *RdÉ* 19, 1967, 99–110 sowie KAPLONY, in: *Fs Museum Berlin*, Berlin 1974, 119–150. Nach KAPLONY, *a.a.O.*, 121 ist das Wort *mḥ* nicht von „Norden", sondern von „umzingeln" abzuleiten. Ob diese Herleitung allerdings dem Schreiber des vorliegenden magischen Textes bewußt war, darf aufgrund der analog gebildeten Bezeichnung des Südheiligtums bezweifelt werden, vgl. den Vermerk zu diesem Spruch in Zeile IX.13.

78 Wiederum wird mit dem Kunstgriff des mythischen Parallelismus die augenblicklich drohende Gefahr auf eine mythische Ebene erhöht und durch die so entstehende Antithese abgewendet. Der von den Krokodilen Bedrohte wird mit dem notorisch von Feinden bedrohten Osiris assimiliert. Die Szenerie des Totengerichts wird jedoch im vorliegenden Fall auf das Wasser transponiert, die Feinde des Osiris treten in Gestalt der Krokodile auf. Die Richter in der *wsḫ.t wḏꜥ-md.w.t*, die mit der *wsḫ.t mꜣꜥ.t.y*, der Halle der Beiden Wahrheiten, also der Stätte des Totengerichts gleichgesetzt werden kann, werden aufgefordert, gegen die Krokodile vorzugehen und gegen diese ihr Gesicht zu erheben. Damit wird der Rechtfertigungsprozeß des Osiris positiv entschieden. Die aktuelle Gefahr auf dem Wasser wird durch das *wḏꜣ.t*-Auge des Horus abgewendet, das gegenüber den Feinden vernichtende Wirkung hat, aber auch durch das Auftreten des Horus selbst, der seinen Vater Osiris rächt. Die Gefahr durch die Krokodile wird somit auf zwei Ebenen abgewehrt: zum einen durch die Transposition des Ereignisses in das Totengericht. Dieses wird spätestens im NR allgemein als Instanz der Feindvernichtung und Institution der positiven Wende verstanden worden sein. Zum anderen wird die bereits in früherer Zeit bezeugte Methode des mythischen Parallelismus angewandt, der im vorliegenden Fall auf dem Horusmythos basiert.

Der gleiche Satz findet sich auf der *Metternichstele* Zl. 38, ed. SANDER-HANSEN, *Metternichstele, AnAEg* 7, Kopenhagen 1956.
79 Zur Schreibung vgl. ERMAN, *Neuägyptische Grammatik,* §741.
80 Zu Maga als Bezeichnung des Krokodils vgl. die Zeilen II.2–3, VI, 5, IX.11 sowie TE VELDE, *Seth, God of Confusion,* Leiden 1967, 150. Zu weiteren Euphemismen, die der Text verwendet, um die Bezeichnung *msḥ,* „Krokodil", zu vermeiden, s. ESCHWEILER, *Bildzauber,* 57.
81 Vgl. zu dem in magischen Texten häufig zu beobachtenden Verfahren, die Identität des Sprechers hinter einer Götterrolle zu verstecken KOENIG, *Le Papyrus Boulaq 6,* Kairo 1981, 121, Anm. h, sowie ESCHWEILER, *Bildzauber,* 32 Anm. 23.
Auf einen ähnlichen Fall hat JAMES GEORGE FRAZER aufmerksam gemacht, der einen malaiischen Zauber zitiert, in dessen Verlauf der Feind durch ein Wachsbild von ihm getötet werden soll. Dort heißt es nach vollzogener Feindabwehr: „...bete über ihm wie über einem Toten; dann begrabe es (*i.e.* das Wachsbild) auf einem Wege, den dein Opfer sicher überschreiten muß. Damit sein Blut nicht auf dein Haupt komme, mußt du sagen: „Ich bin es nicht, der ihn beerdigt, Es ist Gabriel, der ihn beerdigt." So wird die Schuld des Mordes dem Engel Gabriel auf die Schultern gelegt, der sie sehr viel eher tragen kann als du", nach FRAZER, *Der goldene Zweig*[2], Reinbek 1991, 19.
82 Die Übersetzung dieses Bildes folgt ESCHWEILER, *Bildzauber,* 63. Antithetisch abgebildete Krokodile finden sich ebenfalls als Vignette zu *pChester Beatty VII, vs.* 8. Diese unterscheiden sich jedoch von der Vignette des vorliegenden Textes grundsätzlich, die die beiden Krokodile von zwei aneinandergebundenen Bogen umgeben zeigt. Dieses Zeichen ist das Emblem der Göttin Neith, vgl. GARDINER, *Egyptian Grammar, Signlist:* R24, die im vorliegenden Spruch selbst Erwähnung findet, vgl. Zeile IX.5. Eine Verbindung der Neith zu Krokodilen, insbesondere Sobek, ist bereits in *Pyr.* § 510a belegt. In diesem Zusammenhang hat SCHOTT, in: *RdÉ* 19, 1967, 107 auf ein Bild im Tempel von Kom Ombo hingewiesen, das die Göttin Neith mit Krokodilskopf zeigt, die an ihren Brüsten zwei ebenfalls antithetisch angeordnete Krokodile nährt, vgl. SCHOTT, *a.a.O.,* Abb. 7 (mit weiteren Beispielen). Die Beischrift lautet: „Neith, welche ihre Jungen gezeugt hat", ähnlich eine Statuette der Neith in Turin, die die Göttin beim Säugen zweier Krokodile zeigt, vgl. DOLZANI, *Sobk,* Abb. 4[39]. Ihre

---

[39] Diesen Hinweis verdanke ich A. KUCHAREK.

Kinder, die in *pLeiden T32* 2.12f, ed. STRICKER, in: *OMRO* 31, 1950, 57 und 61 als *Sbk.w.y*, „die beiden Sobekgötter" bezeichnet werden, führen die Oberaufsicht in den Webereien von Sais und zwar im Nord- und Südheiligtum, vgl. *pLouvre 3079*, 111.37–8 sowie SAUNERON, *Esna II*, Nr. 18,6 Anm. 2, zitiert nach SCHOTT, *a.a.O.*

Zusammenfassung:

Spruch V beginnt mit einer Anrufung an ein Richtergremium zu Sais, das dem Aktanten, der mit Osiris verglichen wird, gegen die Krokodile beistehen soll. Mit dieser Anrede sind die beiden Krokodile der Neith selbst bemeint, die spätzeitlichen Quellen zufolge im Nord- und Südheiligtum von Sais mit der Aufsicht der Webereien betraut sind. Diese beiden Krokodile finden sich am Ende des Textes in einer Vignette dargestellt wieder. Diese zeigt zwei antithetische Krokodile, die von den gekreuzten Bogen, dem Emblem der Neith, umschlossen sind. Durch diese Umrahmung ist die potentielle Gefährlichkeit, die den Krokodilen innewohnt, magisch entschärft. Deshalb sind gerade diese „gezähmten" Krokodile bestens dazu geeignet, dem Aktanten gegen ihre eigenen wilden und daher gefährlichen Artgenossen beizustehen. Darüberhinaus wird mit Hilfe der Methodik des mythischen Parallelismus dem Aktanten von Seiten der im Horusmythos verwurzelten *wd3.t*-Augensymbolik geholfen. Die Übergabe des Horusauges findet sich in zahlreichen Texten zur rituellen Feindabwehr und dient als Ausdeutung der Vernichtung von Unheil.

Im folgenden wird eine Wundererzählung wieder aufgenommen, die eine deutliche Parallele in Spruch U hat. Der Schrein wird diesmal jedoch von dem Maga-Krokodil, dem sethischen Widersacher des Aktanten und des Osiris, geöffnet. Wie nicht anders zu erwarten, erschrickt das Krokodil, einmal in die Falle getappt, so sehr, daß es Klagelaute ausruft. Somit ist die Wirkungskraft des Bildes gegenüber den Krokodilen erwiesen.

Zusatz zu Spruch V:

Die folgenden beiden Zeilen sind nachträglich an Spruch V hinzugefügt worden. Auf den Heidelberger Fragmenten ist von dieser Randnotiz nichts mehr erhalten. Möglicherweise stellt dieser Zusatz eine Resumée des Spruches V dar, der die Aussicht auf Rettung für einen von Krokodilen bedrohten Schiffbrüchigen hervorhebt.

[**IX.13** *rs-n.t mḥ-n.t*   [Südheiligtum, Nordheiligtum.
mtw=k ir(j).t iwi⟨.t⟩=ṯn(?)   Mache ihre Götterwohnung[83].
ᶜḥ3.t.y m3ᶜ.t pw   Ein Kämpfer (in) einer ge-
                                                      rechten Sache möge der sein,
IX.14 *pḫ3.y n p3 wi3]*   der vom Schiff getrennt(?)[84] ist.]

83 Vgl. WB.I.49.6. Will man für *tn* nicht das Suffix der 2.Ps.Pl. anneh-
men, so kommt nur das fem. Demonstrativum in Frage. Die Fem.-Endung
des Bezugswortes muß folglich ergänzt werden.
84 Anders JONES, *Nautical Terms*, 165 Anm. 55, der an die Schiffsplanke
(*pḫ3 n p3 ᶜḥᶜ*) denkt. Aufgrund syntaktischer Überlegungen ist eine solche
Übersetzung jedoch unmöglich. Sinnvoller scheint es dagegen, *pḫ3.y* als
substantiviertes Partizip anzusprechen, das sich in den dreigliedrigen
Nominalsatz mit *pw* als Kopula problemlos einfügen läßt.

Spruch X

vs. I.1 *[kt-iḥ.t r3.w*   [Andere Sprüche[85]*
n ḫ]3ᶜ sḫ.t   beim[86] Ver]lassen des Feldes*
ntk [in.y m r3 n mni.w   Du bist einer, der durch den
                                                      Spruch des Hirten[87] gebracht
                                                      wird.

ᶜš Ḥr sgb] m sḫ.w.t   Horus schreit] auf den Feldern
                                                      [laut aus]*

m-k3-dd ⟨dd⟩ [n3.y].w=f **I.2** *i[3]w.t isq*   und augenblicklich ⟨ruft⟩[88] sein
                                                      Vieh: „Bleibe noch!"

[im ᶜš.]tw n=i n 3s.t i3[.y=i mw.t nfr⟨.t⟩]   [Veranlasse, daß] man für mich
                                                      der Isis, [meiner guten Mutter
                                                      zuruft*

Nb.t-[i3-ḥw.t i3y=i sn].t   sowie meiner Schwest]er
                                                      Nep[hthys[89]]*

ḫ3[ᶜ.w] n=i s3[.w   damit mir Schutz zu[teil
                                                      werde[90]*

r rsi.t=i **I.3** *mḥ.t]=i*   in meinen Süden, in] meinen
                                                      [Norden]

imnt.t=i [i3bt.t=i   in meinen Westen [und in
                                                      meinen Osten*.

ḫtm] r3 n [m3i].w [ḫt].w   Verschlossen sei] das Maul von

tp n [i̯3.w.t] nb q3(.w)s s[d sp sn.w.y*

[Löwen] und [Hyänen⁹¹]* und des Ersten aller [Tiere] mit erhobenem Schwa[nz, mit erhobenem Schwanz⁹²*

*nt.y wnm].w **I.4** [m] iwf**
swr[(.w) m snf.w*
r stwh3.w nḥm.w] msḏr[.w]*

die] Fleisch [fressen* und die Blut] trinken* [um sie zu bannen⁹³ und] ihr Gehör [zu entfernen]*

⟨r⟩ di̯.t n=w kk.w [tm] di̯.t n=w ḥḏ{ḏ}*

um ihnen Finsternis zu geben und um ihnen [kein] Licht zu geben*

I.5 *[⟨r⟩ di̯.t] n=w [t̯rwn tm]*
di̯.tw n=w nw*

[um] ihnen [Blindheit⁹⁴ zu geben und um ihnen] kein Sehvermögen zu geben.

[m ḫbs.w=i nb m p3 grḥ.t]*

[auf allen meinen Feldern in der Nacht]*

ꜥḥ[ꜥ n=k p3 wnš] bin*

Blei[b stehen,] böser [Wolfsschakal!]*

I.6 *[mi di̯=i ir.y=k p3 hrw]**

[Komm, damit ich dich den Tag verbringen lasse]*

iw=k snḫ[.tw iw bn ntf.]tw=k*

indem du gefesselt [bist, ohne daß] man dich losbindet]*

[iw m Ḥr i̯.di̯.t ir.y=k sw*

[Horus ist es, der es dich erleben läßt.⁹⁵*

*t3 p.t] wn.ti **I.7** [ḥr=k**

Der Himmel] ist geöffnet [über dir]*

w]sf p3 Ḥwr[n n3.y.w=k šꜥr*

Hau[ron lehnt deine Proteste⁹⁶ ab]*

šꜥ.t] ḫpš=k [⟨i⟩n Ḥr].y-[šf.y.t*

Dein Vorderschenkel [wird durch Herjschef⁹⁷ abgetrennt* indem du von Ana]t [niedergemäht wirst⁹⁸.*

wꜥwꜥ⟨.n⟩ t̯w {n} ꜥn].t*

Ein erzener [Pf]ahl⁹⁹ [ist ⟨auf⟩¹⁰⁰ deinen Kopf geleitet¹⁰¹*

I.8 *š]m.t n bi̯3.t [ḥrp.t ⟨ḥr⟩ tbn=k**

Horus ergreift i]hn und Seth wird [zerbrechen(?)¹⁰²]*

mḥ Ḥr i̯]m=st St̯ḫ r [st]*

Fahre ⟨nach⟩ Süden, [Norden, Westen und Osten*

ḥd(j) ⟨r⟩ rsi̯.t [mḥ.t imnt.t i̯3bt.t*

tȝ sḫ.t **I.9** *m]-ꜥ=k r-dr=s[t**

Das Feld steht] ganz zu deiner Verfügung*

bn šnꜥ.tw=k r={s}st*

und nicht wirst du von ihm abgewehrt*

m ỉr(j) wȝḥ ḥr]=k ḥr r=ỉ*

Richte nicht] dein [Gesicht] auf mich[103]*

ỉ.[ỉr(j)=k] wȝḥ ḥr[=k r tȝ ȝw.t n ḫȝs.t*

[(sondern) richte dein] Gesicht [auf die Tiere der Wüste[104]*

m ỉr(j) **I.10** *dỉ.t] ḥr=k r tȝ.y=ỉ mỉ[.t**

Laß] dein Gesicht nicht auf meinen We[ge] ruhen*

[ỉ.ỉr(j)=k dỉ.t ḥr=k r kt*

[sondern laß es auf einem anderen (Weg) ruhen*

ỉw=ỉ ⟨r⟩ st]wḥȝ[=k nḥm msḏr.w=k]*

Ich werde dich ban]nen[104] [und dein Gehör entfernen]*

⟨r⟩ dỉ[.t] n=k kk[w tm dỉ.t]
vs. II.1 *ḥḏ{ḏ}**

um dir Finster[nis zu geben [und um dir kein] Licht [zu geben]*

m ntk pȝ mnỉ.w qn Ḥwrn*

denn du bist der tapfere Hirte, Hauron*

sȝ[.w ḏd=ỉ sȝ.w]*

Schu[tz, ich sage Schutz!*]

Kommentar:

85 Übersetzungen bei BORGHOUTS, *Magical Texts*, 50f, LANGE, *Magischer Papyrus Harris*, 83–91 sowie ROEDER, *Jenseitsglauben und Zauberei*, 178ff. Bei seiner Bearbeitung des Textes konnte CHABAS, der den Papyrus kurz nach dessen Ankauf untersuchte, auf der Papyruskartonage Reste der Überschrift von Spruch X entziffern, vgl. LANGE, *Magischer Papyrus Harris*, 5.

86 Der Wechsel der Präposition *m* zu *n* ist im vorliegenden Text öfters zu beobachten, s. LANGE, *Magischer Papyrus Harris*, 11.

87 Vgl. BORGHOUTS, *Magical Texts*, 107, Anm. 196. Zum Hirten als Beschützer seiner Herde durch Zauber vgl. LEFEBVRE, *Le tombeau des Petosiris*, Kairo, Bd. III. Taf. 46.

88 Für die proklitische Partikel *m-kȝ-ḏd* vgl. ČERNY und GROLL, *A Late Egyptian Grammar*[3], Rom 1984, 152, Anm. 9.15. Möglicherweise ist das fehlende Verbum mit dem vorangehenden *ḏd* verschmolzen, eine Ergänzung durch die Wiederaufnahme von *ḏd* scheint sinnvoll. Der Inhalt der beiden Verse ist folgender: unmittelbar nachdem der Hirte, offensichtlich von einer Gefahr erschreckt, aufgeschrieen hat, wendet sich seine Herde an ihn mit der Bitte um Beistand.

89 Die Rede ist von Horus, dessen Mutter durch die Rollenverteilung des Horusmythos Isis ist. Durch seine Abstammung von der Himmelsgöttin Nut als Mutter der fünf epagomenalen Gottheiten ist Nephthys seine Schwester, vgl. *pLeiden I 346* II.10–11, ed. STRICKER, in: *OMRO* 29, 1948, 63 f[40]. Für die Sozialisation des Horus werden demnach zwei voneinander getrennte Mythen miteinander verwoben.

90 Vgl. WB III.227.17.

91 Ob anstelle von *ḥt.w*, „Hyäne" tatsächlich *ḥtm.t*, „syrischer Bär" zu lesen ist, wie dies POSENER, in: *Or* 13, 1944, 200 sowie VAN DIJK, in: *GM* 107, 1989, 63 vorgeschlagen haben, muß aufgrund des Faksimiles von CHABAS bezweifelt werden. Die vorliegenden Heidelberger Fragmente haben diesen Abschnitt nicht bewahrt. Für die Herkunft dieses Spruches aus dem palästinensischen Raum wäre die Lesung *ḥtm.t* von weitreichender Bedeutung, da syrische Bären in Ägypten unbekannt waren, vgl. POSENER, in: *Or* 13, 1944, 193–204. Andererseits ist nicht völlig auszuschließen, daß der Urtext tatsächlich *ḥtm.t* hatte, was später im Zuge einer Ägyptisierung des Textes zu *ḥt.w* emendiert wurde. Wie die Krokodile sind auch Hyänen nachtaktive Tiere.

92 Vgl. die beinahe identische Passage in Spruch Y, *vs.* II.3–4, KommNr. 116. Bei den Tieren „mit erhobenem Schwanz" handelt es sich zweifellos um Skorpione, die beim Angriff ihren Schwanz mit dem Giftstachel in die Höhe recken.

93 Die Ligatur zeigt eindeutig *t+ȝ*, vgl. ebenso *vs.* I.10, gefolgt von *h* und der *w*-Schlaufe. Dadurch weicht die Schreibung von der ursprünglichen Orthographie ab. Zu *stwhȝ* vgl. BORGHOUTS, *The Magical Texts of Papyrus Leiden I 348*, OMRO 51, 1971, 175, Anm. 428 sowie RITNER, *The Mechanics of Ancient Egyptian Magical Practice*, SAOC 54, Chicago 1993, 193, Anm. 890.

94 Vgl. WB V.387.12–15. Das Wort ist nur hier belegt.

95 Ähnlich BORGHOUTS, *Magical Texts*, 50. *ir(j)* steht parallel zu dem zuvor genannten *ir(j) pȝ hrw*, eine Textergänzung nach LANGE, *Magischer Papyrus Harris*, 90 ist nicht zwingend. Eine – grammatisch mögliche – Wiedergabe durch einen Finalsatz, „daß du es machst", scheitert am Textinhalt, da der Dämon gerade zur Passivität verurteilt wird.

---

[40] Eine Neubearbeitung dieses magischen Textes wird durch VERF. vorbereitet.

96 Vgl. *pPuschkin 127*, 4.5–6, ed. CAMINOS, *A Tale of Woe*, Oxford 1977, 52 sowie SEIDL, in: *ZÄS* 94, 1967, 131 ff. Zu Hauron vgl. VAN DIJK, in: *GM* 107, 1989, 59–68, insb. 62 f.

97 Ausführliche Literatur zitiert bei CORNELIUS, *The Iconography of the Canaanite Gods Reshef and Ba^cal, OBO* 140, Freiburg 1994. Zu Herjschef als Schreibung für die kanaanäische Gottheit Reschef (*Ršp*) s. LEIBOVITCH, in: *ASAE* 44, 1944, 140.

98 Die Emendation folgt LANGE, *Magischer Papyrus Harris*, 90. Zur Bedeutung der kanaanäischen Göttin Anat im Ägypten der Ramessiden-zeit vgl. STADELMANN, *Syrisch-Palästinensische Gottheiten in Ägypten*, Leiden 1967, 91–96.

99 Vgl. WB IV.467.12.

100 Vgl. WB V.261.12.

101 Stativ, zur Schreibung vgl. ERMAN, *Neuägyptische Grammatik*, § 331.

102 Ob *st* für *sd*, „zerbrechen"? BORGHOUTS, *Magical Texts, 50* übersetzt dagegen die Präposition *r*+Suffix: „Horus fetches it and Seth (goes) for it(?)!". Die Bedeutung dürfte jedoch die sein, daß Horus den zuvor beschriebenen Pfahl hält, während Seth die Zerstörung des Feindes durch-führt. Dieses Bild trägt starke Züge von sympathetischer Magie, vgl. GARDINER, in: *Hastings Encyclopaedia of Religion and Ethics, part 8*, London 1915, 265 sowie allgemein FRAZER, *Der goldene Zweig*[2], Reinbek 1991, 15–70.

103 Vgl. zu dem Ausdruck *w3ḥ ḥr r*, „den Blick richten auf" *pLeiden I 348* rt I.7–8 ed. BORGHOUTS, *The Magical Texts of Papyrus Leiden I 348, OMRO* 52, Leiden 1971, 42 unter Verweis auf *pTurin 1993* rt.4.9–10 ed. PLEYTE-ROSSI, *Papyrus de Turin*, 124, 9–10.

104 Aufforderung an den Dämon in Gestalt eines Wolfsschakales, nicht die domestizierten Tiere zu reißen, sondern die wilden Tiere der Wüste zu jagen.

105 Wie in *vs.* I.4 weicht auch hier die Schreibung von *stwh3* von der übli-chen Orthographie ab, vgl. KommNr. 92.

Zusammenfassung:

Mit Spruch X sind die Sprüche gegen die Krokodile abgeschlossen. Thema der nun folgenden Sprüche ist die Abwehr von Dämonen, die als Feinde von Viehherden domestizierter Tiere in Gestalt von Löwen, Hyä-nen und Wolfsschakalen auftreten. Der Hirte identifiziert sich mit dem kanaanäischen Gott Hauron, wodurch er eine mythisch erhöhte Stellung einnimmt, die es ihm erlaubt, den Feind von seiner Herde fernzuhalten. Die Erwähnung der Gottheiten Hauron, Anat und Herjschef/Reschef läßt als Herkunftsort dieses Spruches Vorderasien vermuten. Daneben finden sich jedoch auch die typischen Schutzgottheiten des ägyptischen magischen Diskurses Isis, Nephthys und Horus. Das Auftreten dieser Gottheiten läßt, der vorliegenden Nennung nach zu schließen, die Verwebung zweier Mythenkreise erkennen, in denen Horus als Sohn der Isis Erwähnung findet, aber auch als Bruder der Nephthys, Sohn der Nut. Offensichtlich hatte der vorliegende Spruch seinen Ursprung im benachbarten Ausland, bevor er unter Zuhilfenahme einheimischer Elemente in Ägypten praktische Verwendung fand. Ein in der Sprache der Keftiu oder Zyprioten abgefaßter Spruch gegen eine asiatische Krankheit[41] belegt für das NR eine ägyptische Rezeption der ausländischen Literatur des magischen Diskurses[42].

Spruch Y

[ky r3 n ꜥnb ꜥnb.w	[Anderer Spruch[106] des Verschließens/Bedeckens von Halfagras[107]*
ꜥnb ꜥnb.w n mw.t] **II.2** *Rnwt.t ḫr rd.w.y**	Das Halfagras für die Mutter] Renenutet unter den Füßen [zu bedecken[108]]*
*Ḥwrn ḫ3ꜥ n[=î n sḫ.t**	Hauron, verbanne[109] für [mich vom Feld!*
*Ḥr m dî.t[110] dgs.tw**	Horus, verhindere, daß man hintritt*
*tw=î nḥb.t[111] ⟨m⟩ p3 r3-ꜥ-sš.w nfr**	ich bin ausgestattet ⟨mit⟩ der guten Buchrolle[112]*
î.] **II.3** *dî[.w p3 Rꜥ m] dr.t=î**	die Re] mir [ausge]händigt hat*
*nt.y [stw]h3 m3[î.w r3k3 rmṯ**	die die Löw[en ban]nt[113] [und die Menschen abhält[114]*

---

[41] Vgl. *pBM 10059* [32] 11.4–6, s. BORGHOUTS, *Ancient Egyptian Magical Texts, NISABA* 9, Leiden 1978, 37 Nr. 57.

[42] Zu magischen Sprüchen in fremden (nichtägyptischen) Sprachen vgl. BORGHOUTS, in: *Textes et langages III* (*Bibl. d'Ètudes* LXIV/3), 1972, 17.

nt.y stwh3 rmt r3k3 m3i.w*
die die Menschen bannt und die Löwen abhält*

š3tibw] **II.4** *r3 n m3i.w ht[.w]**
Verschlossen[115] sei] das Maul von Löwen und Schakal[en]*

wnš.w [tp n i3.w.t nb k3(.w) sd*
den Wolfsschakalen, [sowie des Ersten aller Tiere mit erhobenem Schwanz[116]*

nt.y wnm.w m iwf*
die Fleisch fressen]*

swr.w] **II.5** *m snf.w**
und die Blut [trinken]*

š3tib[w] r3 n h3[.y*
Verschlossen sei der Mund des *h3[y*-Tieres*

š3tibw r3 n b3g3.w*
Verschlossen sei der Mund der *b3g3*-Tiere*

š3tibw ⟨r3 n⟩ d3prm.w*
Verschlossen sei ⟨der Mund der⟩ *d3prm*-Tiere*

š3tibw] **II.6** *r3 n t3 Ph3.t**
Verschlossen sei] der Mund der Pachet[117]*

[š3t]ibw r3 n t3[118] Nw⟨*⟩
[Verschlos]sen sei der Mund der Nu⟨*⟩

[š3tibw r3 n Shm.t nfr(.t)*
Verschlossen sei der Mund der schönen Sachmet*

š3tibw r3 n T3-wr(.t) ʿnh(.t)*
Verschlossen sei der Mund lebendigen Toeris[119]*

š3tibw **II.7** *r3 n] rmt [p3] bin hr.w dr.w**
Verschlossen] sei der Mund der] Menschen, [derer] Mit-ganz-schlechten-Gesichtern[120]*

r di[.t] g[nn ʿ.w.t*
damit die [Glieder schwach werden[121]*

r tm di.t hw(j){t}.w p3.y.w iwf.w*
und damit sie nicht ihr Fleisch schlagen können*

p3.y.w] **II.8** *qsn(.w)**
und ihre] Knochen[122]*

di.t šw [r3.w]*
Zu veranlassen, daß ihre [Mäuler] austrocknen*

r di.t n3.w kk.w*
um ihnen Finsternis zu geben*

[tm di.t n3.w hd.w.t*
und nicht Licht zu geben[123]*

m hbs.w=i nb m p3 grh.t*
auf allen meinen Feldern in der Nacht[124]*

š3tíbw.tí **II.9** ꜥ3rtíbw h3.y*

m ntk p3 mní.w qn Ḥwrn*

s3 ḏd=í s3]

š3tíbw.tí-Tier, ꜥ3rtíbw-Tier und
h3.y-Tier[125].

Denn du bist der tapfere Hirte,
Hauron*

Schutz. Ich sage Schutz[126]!]

Kommentar:

106 Übersetzungen bei LANGE, *Magischer Papyrus Harris*, 92–97 sowie
ROEDER, *Jenseitsglauben und Zauberei*, 180f.

107 „Halfagras" (Desmostachya bipinnata), auch als „Espartogras"
bezeichnet. Halfagras findet sich bevorzugt an feuchten Standorten wie
Kanalufern, vgl. GERMER, *Flora des pharaonischen Ägypten, SDAIK* 14,
Mainz 1985, 202. Als Sand- und Bodenbinder eignet es sich als Bepflan-
zung von Viehweiden und findet darüber hinaus auch als Futtermittel
Anwendung. BEHRMANN nimmt unbegreiflicherweise an, die hier vorge-
stellte Viehweide sei mit Korn bewachsen, und begründet dies mit der
Erwähnung der Sachmet in Zeile *vs.* II.6, die als Feuergöttin angerufen
würde, damit das Korn nicht verbrenne, vgl. BEHRMANN, *Das Nilpferd im
Alten Ägypten*, Frankfurt 1989, Dok. 187b. Abgesehen von dem Umstand,
daß der vorliegende Text selbst in keinster Weise eine Grundlage für eine
solche Interpretation abgibt, wird niemals Vieh auf Kornfeldern geweidet.

108 Infinitivsatz. LANGE, *Magischer Papyrus Harris*, 94 ergänzt die
1.Ps.Sing. nach ꜥnb und nach *mw.t.* Der vorliegende Spruch kennt jedoch
sehr wohl die 1.Ps.Sing., vgl. die Verse 3, 5, 6, 27 und 30, weshalb die vermeintliche Auslassung in Vers 3 zu berücksichtigen ist. Vers 2 ist inhalt-
lich von Vers 3 getrennt und gehört daher noch zur Überschrift. Der
eigentliche Spruch zur Abwehr der Dämonen beginnt erst mit Vers 3.

109 Vgl. *mag. pHarris*, VIII.8 sowie *pPuschkin* 127, 2.5 ed. CAMINOS,
A Tale of Woe.

110 Vgl. zur Schreibung *Wenamun* 2.69.

111 Stativ mit vorausgehendem Präfix, vgl. ERMAN, *Neuägyptische Grammatik*, § 478.

112 Zu dem Ausdruck r3-ꜥ-sš.w vgl. RITNER, *Magical Practice*, 196, Anm.
903.

113 Vgl. KommNr. 93.

114 RITNER übersetzt das nicht weiter belegte Verbum r3k3 durch „to
stop", vgl. RITNER, *Magical Practice*, 193, Anm. 890 und 196, Anm. 903,

Da *rȝkȝ* jedoch synonym zu *stwhȝ* gebraucht wird, scheint mir eine Übersetzung durch „abhalten (von Lebewesen)" angemessener.

115 Zur Lesung dieses Wortes vgl. LANGE, *Magischer Papyrus Harris,* 96. *šȝtȝbw* ist im vorliegenden Text selbst als Synonym zu dem in der beinahe identischen Passage in Zeile I.3 gebrauchten *ḫtm,* „verschließen", verwendet.

116 Vgl. die beinahe identische Passage in Spruch X, *vs.* I.3 sowie KommNr. 92. Der vorliegende 10. Vers zählt den Wolfsschakal und eine weitere Tiergattung auf. Keinesfalls kann, wie dies LANGE, *Magischer Papyrus Harris,* 94 zu zeigen versucht hat, die Nennung *tp n ȝ.w.t nb kȝ sd* als Apposition zu *wnš* aufgefaßt werden, da die Lunte der Schakale bis zu deren Fersen reicht. Man ist daher geneigt, in den Tieren mit erhobenem Schwanz Skorpione zu erkennen, vgl. KommNr. 92. Diese sind in Texten des magischen Diskurses hinreichend als Gefahr ausgewiesen und werden als solche bekämpft.

117 Die Determinierung durch das Ei legt nahe, daß es sich um die Göttin Pachet selbst handelt, deren Name von dem Adjektiv „reißerisch" abzuleiten ist. Die löwenköpfige Pachet jedenfalls wurde an Eingängen zu Wüstentälern als gleichermaßen gefährliche wie hilfreiche Göttin verehrt, so z.B. im Speos Artemidos, vgl. FAIRMAN und GRDSELOFF, in: *JEA* 33, 1947, 12ff.

118 Der Artikel *tȝ* wurde über der Zeile nachgetragen vgl. *mag pHarris* VIII.6 sowie VIII.7.

119 BEHRMANN, *Das Nilpferd in der Vorstellungswelt der Alten Ägypter,* Frankfurt 1989, Dok. 187b bezweifelt, daß in vorliegender Stelle *Tȝ-wr* als Ernteschädling in Gestalt eines Nilpferdes abgewehrt wird, da sie nicht bei den Tieren, sondern innerhalb der Aufzählung von Göttern und Dämonen genannt wird. Wegen ihrer Nennung unmittelbar nach Sachmet nimmt BEHRMANN auch für die Erwähnung der *Tȝ-wr.t* einen Korn versengenden Gluthauch als Grund an, vgl. dazu KommNr. 107. Eine solche Interpretation entbehrt jedoch stichhaltiger und textgestützter Argumente.

120 Zur Lesung dieses offensichtlich fehlerhaft geschriebenen Verses vgl. LANGE, *Magischer Papyrus Harris,* 97 Anm. 20. Zu der litaneiartigen Beschwörung zum Verschließen des Mundes von Feinden vgl. *pBM 10081,* 35.21–36.14, SCHOTT, in: *ZÄS* 65, 1930, 35–42.

121 Zum Mund der Dämonen als Ursprungsort von Gefahr und Unheil vgl. *pLeiden I 346* I/5–6, ed. STRICKER, in: *OMRO* 29, 1948, 61. Dort heißt es von den *wp.w.t.y.w*-Dämonen, die ihren Krankheitshauch exhalieren:

st(j).y.w šsr.w=sn m r3=sn* r gmḥ n w3.w*, Die, die ihre Pfeile mit ihrem Mund schießen*, um in die Ferne zu blicken*.

122 In diesem und im vorangegangenen Vers wird nun die logische Folgerung aus den litaneiartig aufeinander folgenden „*š3tibw*"-Versen zur Abwehr der Dämonen in Tiergestalt verdeutlicht. Wird der Mund der Dämonen verschlossen, so wird das Reißen der Tiere des Aktanten vermieden und die Dämonen an ihrer Nahrungsaufnahme gehindert. Hieraus resultiert die Schwächung ihrer Glieder. Dies hindert sie in der Folge an der Jagd, sodaß sie zu weiterer Nahrungsaufnahme nicht mehr fähig sind; die Jagd auf Fleisch und Knochen wird unmöglich. Zu *ḥw(j)* als Bezeichnung von „jagen v. Tieren" vgl. WB III.47.7–9. Das Motiv des „Aushungern" des Feindes wird durch das Austrocknen der Mäuler der Feinde im folgenden Vers vervollständigt.

123 Vgl. die identische Passage in *vs.* I.4, dort jedoch zu einem Vers zusammengerückt.

124 Vgl. die identische Passage in Spruch X *vs.* I.5. Auch dort geht der Minderung des Sehvermögens der Dämonen das Verschließen ihrer Mäuler voraus.

125 Zumindest bei der ersten und dritten Nennung handelt es sich, wie die Determinierung zeigt, um Tierbezeichnungen. Das *h3y*-Tier ist bereits in Zeile *vs.* II.5 begegnet.

126 Vgl. die identische Passage in Spruch X *vs.* II.1.

Zusammenfassung:

Dieser Spruch greift die Thematik von Spruch X wieder auf. Hier wie dort geht es die Abwehr von Löwen, Schakalen, aber auch böswillig gesinnten Menschen. Wiederum wird der kanaanäische Gott Hauron angerufen, der die Funktion des guten Hirten ausübt. Mehrere Verse sind in Spruch X und Spruch Y identisch.

Spruch Z

Der letzte Spruch des *magischen pHarris* ist ausschließlich auf den Londoner Fragmenten erhalten, vgl. BUDGE, *Facsimiles of Egyptian Hieratic Papyri*, Taf. 30. Er ist in kanaanäischer Sprache abgefaßt und galt daher lange Zeit als völlig unverständlich[43]. Den scharfsinnigen Beobach-

---

[43] Vgl. LANGE, *Magischer Papyrus Harris*, 98.

tungen T. SCHNEIDERs ist es zu verdanken, daß dieser Spruch dennoch
seit 1989 in einer maßgeblichen Bearbeitung vorliegt[44]. Im folgenden wird
daher auf eine erneute Bearbeitung verzichtet und auf den Aufsatz
SCHNEIDERs in *GM* 112 verwiesen.

---

[44] Vgl. SCHNEIDER, *Mag. pHarris XII,1–5: Eine kanaanäische Beschwörung für die
Löwenjagd?*, in: *GM* 112, 1989, 53–63.

KOLUMNE rt. VII

KOLUMNE rt. VIII

KOLUMNE rt. IX

KOLUMNE vs. I

KOLUMNE vs II

TAFELTEIL

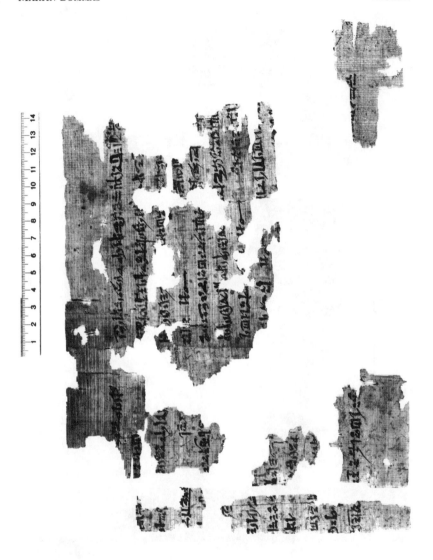

mag. *pHarris*, *rt*. VII-VIII, Slg. von Portheim Inv.Nr. 24475

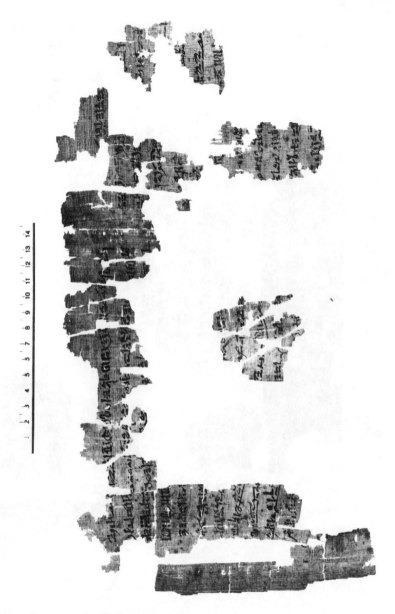

mag. *pHarris*, *rt.* VIII-IX, Slg. von PORTHEIM Inv.Nr. 24475

mag. *pHarris*, *vs.* I, Slg. von Portheim Inv.Nr. 24475

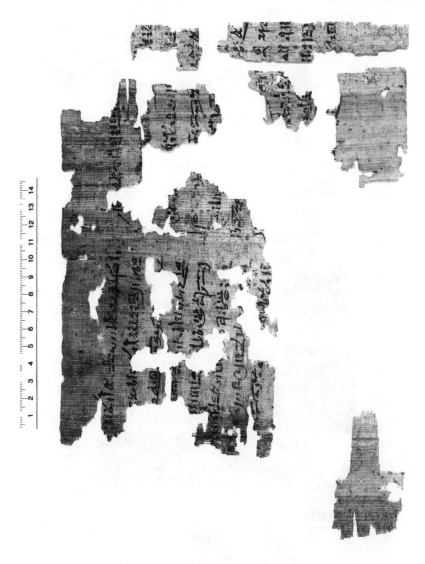

mag. *pHarris*, *vs.* I-II, Slg. von PORTHEIM Inv.Nr. 24475